新时代
初中班主任的工作智慧

XINSHIDAI
CHUZHONG BANZHUREN DE
GONGZUO ZHIHUI

尹桂清◎著

湘潭大学出版社
XIANGTAN UNIVERSITY PRESS

前　言

在初中教育教学中，有一个默默奉献的群体，他们用智慧作词、用爱心谱曲、用责任歌唱。这个群体的名字就是班主任。

众所周知，班主任是班级工作的组织者，是班集体建设的指导者，是学生健康成长的引领者，是学校思想品德教育的骨干，是家长和学校之间沟通的桥梁。

班主任能吃苦、肯付出的精神着实令人感动，但班主任工作更需要智慧。班主任的智慧主要是做人的智慧、管理的智慧和教育教学的智慧。它既包括知识、技能方面的智慧，也包括情感智慧、方法智慧、组织智慧和交流智慧等。做智慧型班主任，让工作闪耀思想的光辉，显现盎然的诗意，播撒灵动的睿智，这是班主任追求的目标之一。

初中班级的管理，应特别关注三个问题：一是制度问题，即要制定适合本班实际的班级管理制度；二是管理问题，即面对学生群体和个体，应采取主动、灵活、具体的策略和步骤实施管理；三是效率问题，即注重班级管理目标达到的实际效果。如果班主任处理得有智慧，就能使班级管理更上一层楼。

班主任的管理工作，要做到管理有法、管无定法、贵在得法。既可以照章办事、严格管理，也可以因人而异、灵活处理，甚至可以让学生自己管理自己。应当具体问题具体对待，不能只用一种模式、一个策略，以免班级管理陷入僵化。

目　录

第一章　班主任的角色定位

新的历史时期，班主任到底承担着何种角色，这是一个具有重要理论价值与现实意义的问题。一方面，它直接关系到在理论上如何理解和把握班主任的角色定位，从教育理论上，人们对班主任所承担的角色有着某种期望。另一方面，它又会影响到实践中对班主任的角色期待与定位，以及班主任自身的角色担当与作为。因此，对于班主任而言，不断强化角色意识可以帮助他们对班主任工作的地位、作用和价值有一个清晰的认识，让他们更具体地了解自己承担的职责，该以何种方式行事，应如何去影响全体学生。

第一节　班主任角色内涵及特点

要想准确界定班主任的职业角色，首先需要了解角色及角色理论，探明班主任角色的内涵及其本质特征，认识班主任角色与其他角色之间的区别和联系。这是进行班主任角色研究的基本逻辑起点。

一、角色的含义

角色的概念首先是由美国社会心理学家 G. H. 米德在其社会心理学研究过程中提出来的，其本意是指演员在舞台上按照剧本规定所扮演的某一角色，如主要角色与次要角色、正面角色与反面角色等。从一般意义上来说，角色是由其社会地位决定的，是一套行为模式，且这套行为模式符合社会期望。我国教育学家顾明远教授认为，角色是处于一定社会地位的个体，根据社会的客观期望，借助自己的主观能力适应社会环境所表现出来的行为模式。

角色理论有两种分析方式：一种是结构角色论，另一种是过程角色论。结构角色论认为，社会是一个由多种相互联系的地位构成的网络，每个地位都有关于其如何承担义务的期望，地位和期望共同构成社会结构。这些期望由个体的角色理解和角色扮演来传递，并通过角色行为来实现。结构角色论主要是在宏观层面上对角色的社会构成功能进行研究。过程角色论主要从微观上研究个体的角色行为模式，以及在角色行为中的心理问题。角色行为包括角色学习、角色扮演、角色转换、角色紧张、角色冲突、角色错位和角色失败。其中，角色扮演是角色理论的中心概念，是个人与社会的互动方式，指个体根据自己所处的特定地位，按角色期待进行角色行为。个体作为一个角色所表现出来的有关角色的一切心理状态和行为都是角色扮演的一部分。

二、班主任角色的含义

瑞典现代教育学家胡森曾经对教师角色所代表的含义进行了阐释，他认为理解教师角色应当把握三个方面：其一，教师角色就是教师的行为；其二，教师角色就是教师的社会地位；其三，教师角色就是对教师的期望。顾明远也指出，教师角色“一是教师的实际角色行为；二是教师角色的期望，包括他人对自己的期望、自己对自己的期望以及自己对他人的期望”。据此，我们认为，班主任角色主要是指班主任在班级管理活动中，在实现与自身身份、地位相对应的权利和义务时，所表现出来的符合社会期望的态度和行为模式的总和。班主任角色可以从以下两个方面进行理解。

（一）班主任角色的作用是寻求班级管理社会功能的最大化

从历史来看，随着生产力的发展、教育与政治的分离、教育规模的扩大以及科学技术的发展，班级授课制成为一种基本组织形式，班主任作为班级管理者逐步确立起来。班主任的职责就是管理育人，通过班级管理培养社会需要的人，通过人才培养，使自己所具有的社会功能得以最大化。班主任是人类灵魂的工程师，可以塑造一个个灵魂，但这个灵魂以什么为目的、以什么为标准来塑造，这就涉及班主任角色的终极目的。任何一种班主任角色都具有这样的终极目的，对这种终极目的的追问，实际上是在追问班主任存在的社会价值。任何一种理想的社会都有一种理想的教育。教师不只代表自己，还代表了社会，代表一种社会的理想与希望，班主任角色的作用由此具有了社会功能的价值。班主任角色是一种具有理想人格的角色，这就要求班主任可以不完美，但要不断追求完美，要使这种不断追求完美的表率对学生起到引领的作用。

（二）班主任角色的意义体现了个人价值与社会价值的统一

班主任角色的作用是指班主任能为社会做些什么，班主任角色的价值则指班主任能为自己做些什么。作为学生成长的“重要他人”，班主任是班级的管理者、组织者和教育者。作为有血有肉的生命个体，班主任也是自身价值的追求者，他不仅追求社会功能的最大化，而且追求个人功能的最大化。研究表明，班主任是有着清醒自我意识和角色意识的存在。班主任应该思考自己对于学生意味着什么，对于自己意味着什么。班主任要获得生命的最大意义，就要取得最大的工作效果，简单地说，就是对学生有用，对社会有价值。班主任角色呈现出与其他职业不同的特点：班主任是“被需要”的“需要”，因而班主任在追求自身意义的时候便成为一名学习者和研究者。班主任努力实现自身价值也恰是自身工作的内在动因，在这种内在动因的支配下，班主任实现个体价值，并在此基础上促进社会价值的达成。

三、班主任角色的特征

班主任工作对象、工作任务、工作场域、工作方法的独特性，决定了班主任角色与其他角色相比具有差异性。把握班主任角色的特征，可以从以下几个方面加以考虑。

（一）奉献性

班主任必须站在时代前列，具有与时俱进的教育理念，充分认识班主任这一特殊角色的重要地位，树立立德树人和管理育人的崇高思想，而不能仅仅局限于对升学率的苦苦追求。班主任必须具有崇高的品格，“其身正，不令而行；身不正，虽令不从。”要严格按照公民基本道德规范和教师职业道德规范约束自己的言行。要用“春雨”去滋润莘莘学子的心田，用“红烛”去燃烧莘莘学子的激情。班主任工作是一项十分复杂而繁重的工作，必须做好无私奉献的准备。

（二）示范性

榜样的力量是无穷的，它对学生具有感染力。青少年由于社会经验少、生活阅历浅，对于高善的道德观念缺乏具体深刻的理解和感受。班主任与学生长期相处，其人生观、处事观乃至其一言一行、一举一动等都会深深地、潜移默化地影响着学生。学生的模仿能力强，与他们朝夕相处的班主任必然成为他们的示范榜样。在教育实践中，人们往往赋予教育工作者“引路人”等角色，其实都体现了班主任角色的示范性。

班主任角色的示范性，要求其不断关注自己的风度仪表、言谈举止、知识修养和思想品德等。

（三）促进性

教育的本质就是培养人，教育的目的就是把受教育者培养成为一定社会需要的人。教育目的是根据一定社会的政治、经济、生产、文化、科学技术发展的要求和受教育者身心发展的状况确定的。它在一定程度上反映了社会对受教育者的要求，是教育工作的出发点和最终目标，也是确定教育内容、选择教育方法、检查和评价教育效果的根据。结合现代教育的要求，班主任必须以学生为本，才能促进全体学生的全面健康发展，并最终促成学生达到教育的目的和要求。

（四）多样性

班主任必须融入班级管理和教学之中，扮演好自己的角色。

一是执行者角色。学校按照整体规划和学期计划布置工作，班主任必须认真地组织落实，做到严谨务实。

二是领导者角色。美国卡内基教学促进基金会主席厄内斯特·波伊尔博士在其著作《基础学校—— 一个学习化的社区大家庭》中明确提出了教师的领导者作用，班主任更要发挥其领导者作用。

三是管理者角色。班主任的工作是繁杂的，上传下达，下情上报，内务处理，外事接谈，内容非常广泛，可以说是包罗万象。不仅要处理这些工作，还要教育学生，班主任必须扮演好管理者角色。

（五）激情性

班主任还要具有渊博的学识和火热的激情。因为班主任也是教师，而教师是知识的传播者，也就是教育者。班主任不仅应当具有学者的品质，学而不厌，而且应当具有教育者的品质，诲人不倦，充满激情地将思想、知识和技能传播给学生。班主任必须学富五车，必须富有激情，善于以自己的激情点燃学生的激情，激发学生的自信。

第二节　班主任角色定位

班主任工作对象的多样性、工作任务的复杂性、工作环境的多维性等，决定了对班主任进行角色定位不是一件容易的事情。为此，有必要对国内外班主任角色研究的已有成果加以梳理和反思，也必须对班主任所承担的工作职责加以明确，在此基础上，才能从理论与实践两个维度对班主任角色进行定位。

一、国内外班主任角色研究

为了更好地对学生进行教育，在班级中设置班主任是国内外比较通行的做法，有关班主任的相关研究也是教育研究领域的一个永恒的话题。

（一）国外班主任角色研究

世界各国学制不同，教师设置也不尽相同，但一般都设有班级教师，其职能与我国的班主任相近。俄罗斯、德国、法国、日本实行班主任制，英国则实行导师制，美国称班级教师为“班级顾问”“本班教师”和“班主任”。班级教师不同的称谓，反映了班主任工作职责的不同侧重点。例如，在英国，导师要负责促进学生学识、技能、道德等的发展，被要求以父母般、牧师式的关怀引导学生；德国和法国的班主任，评价和指导学生定向发展的职责比较突出；而美国的班主任需要提供心理咨询、专业发展、标准化测试等；俄罗斯班主任的突出职责则是组织和建设班集体。国外有关班主任角色的研究，以美国学校的班主任角色研究为主，且多为实证研究。学校管理人员、教师、家长等是班主任工作的重要合作对象和影响因素，因此，这些人群对班主任的角色概念是班主任角色研究的重要部分。Amatea 和 Clark 在美国南部 26 个学校做了关于学校行政管理人员对班主任角色概念的定性研究，结果表明：学校行政管理人员对班主任的角色定位有 4 种，即创新型学校领导、协作案例顾问、直接服务提供者和学校管理团队成员，并建议在班主任预备课程中注意对班主任领导技能的培养。Reiner、Colbert 和 Prusse 调查了教师对美国学校班主任协会（ASCA）2005 年定义的班主任角色职责的认同度，结果表明：教师认同 ASCA 规定的 16 项适当职责的 13 项和 12 项不适当行为的 5 项，不仅如此，教师也认为班主任正在履行这些职责。班主任被定义为学校和家庭伙伴关系的领导者，需要领导构建多方合作的最有效的学习环境。Beak 和 Cornely 对班主任在学校家庭合作中的角色提出了新的模型——学校和家庭介入模型，即转换班主任角色，适应不断改变的家庭、学生需求。转换后的班主任角色应该更加重视家庭的需求，尊重家庭目标，加强与家长的合作，起到文化解释的作用。

随着社会和教育的发展，原有的班主任标准、模型和工作方法遇到了一些挑战。Galassi 和 Akos 总结了 20 世纪学校班主任角色的变化，指出了美国现有辅导模型不足的两大方面：一是发展理论和数据研究基础不稳固；二是针对美国全面辅导计划，既不够全面又过于宽泛。因此，他建议在"弹性领域"和"青少年正面发展"理论指导下重构学校辅导模型，转换班主任角色。发展倡导模型要求重视发展而非预防和治疗，因此，对班主任的专业技能，以及其与学校、家庭、社会力量合作的能力有进一步的要求。Beak 和 Chung 研究指出，在美国学校一直存在的学习成就差距问题，除了环境、历史、政治、文化等影响因素外，还会受到学校班主任的影响，要改善学校辅导计划，鼓励班主任改善其角色，作为社会正义的文化推动者。Clark 和 Breman 发现，随着美国对培养学生学术成就要求的提高，传统的班主任工作方式——将个人带离教室进行个人辅导会受到教师的阻止，同时，在这种方式下，学生也会感到焦虑和尴尬，效果不佳。因此，他提议将原来用于特殊教育学校的融合教育的方法带到普通学校的辅导工作中，在班级环境下与其他工作人员共同进行辅导活动。

对班主任角色的研究也细化到了具体方面。例如，Keys 等人指出：为了应对日益突出的学生心理问题，班主任应当更注重与家庭的合作，并对班主任提出了有关处理高危青少年问题的 24 条专业知识和技能要求。Robers Dobie 和 Donatelle 通过对 443 份有效问卷的总结，指出班主任需要更多的专业训练和社会资源来处理学生自我伤害问题，在处理这个问题上，班主任需要承担起联络人的角色，联系学生、家长和学校工作人员、社区治疗师。White 和 Kelly 通过对辍学数据的研究，指出辍学的学校和个人风险因素以及家庭风险因素都可以通过班主任工作得到解决，班主任应当将预防辍学的工作系统化、正式化、目标化，并进行跟进和事后评估。

（二）国内班主任角色研究

国内班主任角色的研究始于 20 世纪 90 年代，从研究内容和主题嬗变来看，主要体现在以下三个方面。

1. 随着我国不同时期的教育改革重点和班主任职责规定，探索在不同政策背景下班主任的角色转变

崔永萍提出，在全面推进学生素质教育的大前提下，班主任应当倡导平等的师生关系，注重鼓励和正面教育，培养学生自我管理能力。转变原有的“绝对权威”“限制者”和“全职保姆”角色，转而充当“指导者”；改变经验主义的工作方式，学习和掌握科学的育人理论和方法，积极主动，着眼未来，承担“研究者”的角色；在现代社会管理向服务转化的理念趋势下，由“管理者”转化为“服务者”。李花认为，新一轮的教育改革和第八次基础教育课程改革对班主任工作提出了更高的要求，班主任角色应该实现由“学科教师”这一单一型角色向“领导者”“心理医生”和“知己朋友”等的多元型转换，由教师中心的权威型向民主平等的对话型转变，由负面教育的限制型向正面鼓励的发展型转变，由以经验为主的经验型向以科学为主的科研型转变，由注重当前结果的时代型向注重可持续发展的未来型转变。冯嘉从新一轮基础教育课程改革中以人为本这一核心思想的角度，反思了目前的班主任角色，认为其问题在于知识技能欠缺、行为示范不足、管理角色过度、协调角色欠缺等，并分析了成因，指出班主任需要在以学生为本和促进学生素质提高两个原则上，通过明确班主任职责、改进工作方法和创新班级管理制度，实现班主任角色的转变。刘宗友认为，新一轮课程改革中以人为本的教育理念为班主任角色转变提供了新的平台，由过去的“警察”和“全能保姆”变为学生优势发现者、兴趣聚焦者、心态调整和弱势关注者，而要实现转变，需要形成新的师生观，加强与任课老师和家长的联系，提高自身专业素养。

2. 利用社会角色理论，结合班主任工作实际，探究班主任角色存在的问题及其对班主任工作的影响

翟敏指出，“80后”班主任角色冲突主要表现为“管理者”与“朋友”的冲突、教育者角色和服务者角色的冲突、榜样角色和普通人角色的冲突。蔡蓓通过调查分析认为，班主任教师的性别、婚姻状况、授课对象、工龄、学

历能够影响教师的角色冲突；班主任教师角色冲突、工作满意度、工作倦怠与工作绩效呈正相关，工作倦怠、工作满意度在角色冲突对工作绩效的影响中起到中介作用。姚俊研究了浦东新区专职心理教师兼任班主任的角色冲突问题，总结了角色冲突的原因，认为心理教师和传统任课老师担任班主任的差别和外界的认识是角色冲突的原因。

3. 特定的班主任角色研究，其代表是班主任的领导及其领导力的研究

近年来，对班主任类型、领导行为、领导能力等的研究有一个共同的出发点，即把班主任的角色定位为班级的领导者。领导理论诞生于 20 世纪初，属于管理学理论。教师的领导研究随着领导理论逐渐兴起，于 20 世纪 90 年代被引入我国，研究校长、教师、班主任的领导行为。国内对班主任的领导研究主要是运用领导理论，对班主任的领导进行分类，对班主任领导行为和领导力进行调查，对班主任的领导类型和行为对学生和班级的影响进行实证研究。尹俊恒认为，班主任的领导行为主要表现为三个方面：班主任的影响力、班主任的领导风格和艺术以及班主任的领导方式，并以此为脉络将班主任分成不同的类型，分别论述各种类型班主任的教育影响。李惠芳尝试对班主任领导力进行系统的研究梳理，并设计问卷对本校的班主任领导力认知、班主任领导力构成要素的发展状况进行调查，总结了班主任领导力缺失的原因、结果和政策建议。王昌平编制了“班主任 PM 领导行为问卷”，对四川遂宁市进行样本量为 370 的抽样调查研究，探明班集体形成的四个特点（班干部成长、共同的奋斗目标、遵守规章制度、正确的集体舆论）与班主任领导行为类型的关系。陈波对苏北、苏南 749 名学生的量表调查表明，不同班主任领导行为类型下的学生的学习成效具有显著差异，班主任领导行为对学生的学习成效有直接影响，比家庭教养风格的影响更大。

二、班主任的工作职责

2006 年《教育部关于进一步加强中小学班主任工作的意见》以及 2009 年教育部印发的《中小学班主任工作规定》，都提到了中小学班主任与学生接触较多，沟通便利，影响深刻，肩负着育人的重要职责，并对班主任的具体工

作职责做出了明确规定。这些规定主要包括以下几个方面：

（一）做好学生的教育引导工作

要认真贯彻落实学校德育工作的要求，积极主动地与其他任课教师一道，利用各种途径和机会开展思想品德教育，引导学生明辨是非、善恶、美丑和荣辱。要引导学生从身边的小事做起，“勿以善小而不为，勿以恶小而为之”。要逐步树立起学生的社会主义荣辱观和价值观，确立远大的抱负和志向，增强学生的爱国主义情怀、集体主义素养。要使学生明确人生的目的，端正生活的态度，养成积极健康的行为习惯。

（二）做好班级的管理工作

规范班级的日常管理，维护班级良好的教学与生活秩序，培养学生的规则意识、责任意识、担当意识和集体荣誉感、自豪感，营造民主和谐、团结互助、健康向上的集体氛围。坚持以正面教育为主，对学生的点滴进步及时给予表扬和奖励，对有缺点错误的学生要晓之以理，动之以情，持之以恒，导之以行，要进行耐心细致的批评教育。要做好学生的综合素质评价工作，客观公正地评价学生的操行，向学校提出奖惩的建议。要努力营造积极向上的集体氛围，形成富有特色的、充满活力的班级和团队文化。要加强安全教育，增强学生的自我保护意识和能力，维护学生的生命安全。

（三）组织好班集体活动

班级活动是良好班集体形成的基本条件，也是学生思想道德、知识能力等获得提高的基本途径。为此，班主任一定要注意指导班委会、少先队中队、团支部开展工作，担任好少先队中队辅导员，组织开展丰富多彩的团队活动。要积极开展班集体的社会实践活动、课外兴趣小组活动、社团活动和各种文体活动，充分发挥学生的积极性和主动性，培养学生的组织纪律和集体荣誉感。

（四）关注全体学生的全面发展

关心爱护全体学生，平等对待每一个学生，尊重学生的人格尊严。教育学生明确学习目的，端正学习态度，激发学习兴趣，掌握正确的学习方法和学习策略，养成良好的学习习惯，增强创新意识和学习能力。了解和熟悉每一位学生的特点和潜能，善于分析和把握每一位学生的思想、学习、身体、心理的发展状况，科学、综合地看待学生的全面发展，及时发现并妥善处理可能出现的问题。要注意倾听学生的声音，关注他们的烦恼，满足他们的合理需求，有针对性地进行教育引导，为每一位学生的全面发展创造公平的发展机会。要采取多种方式与学生展开沟通，有针对性地进行思想品德教育，促进学生德、智、体、美、劳全面发展。

（五）综合利用各种教育资源

班主任是学校教育第一线的骨干力量，是学校教育工作最基层的组织者和协调者。履行好班主任的工作职责，必须树立科学先进的教育理念，遵循学生身心发展的规律，运用正确有效的教育方法。班主任不仅应该努力协调好各任课教师，做好班级的管理与建设工作、学生的引导和教育工作，积极支持少先队、共青团、班委会开展班级活动，还应该成为沟通学校、家庭、社会的纽带，及时了解学生在学校、家庭和社会的表现，引领家长和社区及其他社会教育机构，共同做好学生的教育管理工作。

三、班主任的角色定位

定位班主任的角色，有不同的标准和视角。从目前国内外研究来看，主要存在着以下几种定位。

（一）以班主任工作职责进行定位

1. 教育者角色

班主任作为日常思想道德教育和学生管理工作的主要实施者，其工作对象是学生，而不是成年人；工作目的是发展人，而不是控制人。因此，班主任的工作方式主要是教育，而不是管理。虽然教育离不开管理，且适当的管理可以促进教育，但教育并不等同于管理，因为教育和管理并不是一回事。教育的核心是发展，而管理的核心是秩序；教育以提升为手段，而管理以约束为手段；教育的目的在于灵魂转向，而管理的目的在于行为制约。教育者以人为本，关注学生的全面发展；而管理者以任务为本，关注工作的完成情况。所以，班主任首先是教育者，其次才是管理者，管理是为教育服务的。一方面，应坚持育人为本，德育优先。班主任应立德树人，引导学生形成正确的世界观、人生观、价值观；培养学生团结互助、诚实守信、遵纪守法、艰苦奋斗的良好品质；加强公民意识教育，树立社会主义民主法治、自由平等、公平正义理念，培养社会主义合格公民。要把德育渗透于教育教学的各个环节，贯穿于学校教育、家庭教育和社会教育的各个方面。另一方面，应坚持能力为重，全面发展。班主任要着力提高学生的学习能力、实践能力、创新能力，教育学生学会生存生活，学会做人做事。

2. 组织者角色

班级是学校的基本单位，是学生成长的摇篮，是班主任工作的基地。作为班级工作的组织者和班集体建设的指导者，班主任因班级的存在而存在，他既是一班之主任，又是班集体的一分子。苏联教育家苏霍姆林斯基曾指出：班集体是在共同的思想、共同的智力、共同的情感、共同的组织的基础上建立起来的，是一种不可替代的教育资源，是学生成长最直接、最有影响力的课堂。一个深思熟虑的教师和班主任，总是力求在集体中创造一种热爱科学和渴求知识的氛围，只要“教育了集体，团结了集体，加强了集体，以后，集体自身就能成为很大的教育力量”。因此，班主任应以指导班级建设为契机，对学生实施集体教育，推动班集体共同成长。其实，小到班级座位编排，大到班级活动开展，班级组织与管理工作说起来容易，做起来却纷繁复杂。从时间上来看，从开学时的入学教育和组建班级，到毕业时的档案整理和升学教育等，时间跨度很长；从空间上来看，不管是课堂上的纪律管理还是课后的卫生检查，不管是校内的班级活动还是校外的社会实践，其工作范围非常宽泛。

3. 协调者角色

班主任工作的复杂性意味着要做好学生工作仅凭一己之力是不可能的，需要经常与任课教师和其他教职员工沟通，主动与学生家长、学生所在社区联系，努力形成教育合力。众所周知，学校、家庭及社会三者的地位与作用各不相同：家庭教育是基础，学校教育是主体，社会教育影响最广。因此，班主任既要做到内外协调、左右沟通、相互促进，成为沟通学校、家庭、社会的纽带，又要充分认识到学校、家庭和社会三者的不同地位与作用，在工作中有所侧重，使其相得益彰。一方面，在校内既要处理好与年级组长、教务处主任及副校长等上级领导的关系，做到“上情下达”和“下情上传”，又要协调好与任课教师、心理班主任、宿舍管理员等同级教职员工的关系，做到左右沟通、相互促进，争取他们的支持与配合。同时，还要处理好学生与班干部、学生与教师，以及学生与社团组织等各种关系。与家庭的联络，既可采取家访、电话、短信等“一对一”的方式，也可采用家长会、家长系列讲座、家长委员会、家长学校及学校开放日活动等“一对多”或“多对多”的方式。与社会的沟通，既可采取邀请模范人物、先进个人等来班级开展讲座等“引进来”的方式，也可采用组织学生去社区、企事业单位参与社会实践等“走出去”的方式。

4. 职业者角色

“作风正派、心理健康、为人师表”等选聘条件要求班主任身兼“公民”“教师”和“班主任”等多重身份，在遵守相关法律法规的同时，更须遵守职业道德规范。为此，小到个人的言行举止，大到工作中有效维护学生权益，都需要班主任在相关规定的框架下正确地行使权力和履行职责。一方面，班主任在工作中须遵守相关法律法规与职业道德规范，不得做出有违职业规定的行为。另一方面，班主任有权维护与公民、教师和班主任身份相应的合法权益。班主任可采取的维权途径有申诉、人事仲裁、行政复议及诉讼等。

5. 学习者角色

班主任并不是每个教师都能胜任的，要想成为一名合格的班主任，必须经过专门的训练，掌握系统的专业知识，具备熟练的专业技能。另外，社会信息化、经济全球化、价值多元化等也对班主任工作提出了新的挑战，学生成长的新情况、新特点和家庭背景的复杂化更增加了教育管理的难度。因此，班主任需要加强培训与学习，走向专业化，这既是班主任职业发展的方向，也是教育管理工作持续发展的现实诉求。一方面，班主任要学习理论，即学习新的教育管理理念，系统地掌握教育管理的相关理论。理论学习既可通过个人自学，也可通过参与培训学习。教育部 2006 年 12 月建立了“中小学班主任岗位培训制度”，要求班主任在上岗前后半年时间内均需接受不少于 30 学时的专题培训，内容包括班主任工作基本规范、学生心理健康教育指导、班级活动设计与组织、班级管理、未成年人思想道德教育、教育政策法规等相关专题。另一方面，班主任要在实践中学习，即在借鉴国内外优秀班主任实践经验的基础上，不断探索与创新班级管理的新理论与新方法。只有理论结合实践，知行合一，才能形成属于自己的教育智慧。

（二）以班主任人际交往进行定位

1. 家长角色

开展班级工作，要以学生的健康成长为工作出发点，以学生的前途和发展为终极目标，让每一个学生得到珍视，个性得到发展，人生得到充实。在学生面前，班主任要扮演家长角色，以家长的身份出现在学生面前。教育学生时，语气要平和，态度要诚恳，方法要得当，正如父母在和子女对话一样，学生在这种状态下，紧张情绪必定会减轻许多，利于双方沟通。给学生细致入微的关心和爱护，以家长的身份关心每一位学生的学习、生活情况，培养他们良好的学习习惯和生活习惯。尤其是对那些成绩比较差，单亲家庭、离异家庭的学生或留守学生要给予更多的关爱。比如，夏天到了，班主任教学生如何防中暑、防溺水，告诉他们不要在烈日下行走、曝晒。春天来临，班主任教学生如何预防感冒，经常在办公室备一些感冒药，给学生熬制一些预防春季传染病的中草药。冬季到了，班主任提醒学生要穿暖和一些。让学生感受到自己的进步是“家长”的快乐，自己的健康成长是“家长”的幸福。

2. 校长角色

在学生家长面前，班主任应充当校长角色。处理学生之间发生的事，除了公平、公正、讲究方式之外，还要让学生信服、家长信服、社会信服，经得起家长、学校、社会的检验。在工作中，有些班主任将自己的手机号码、QQ号、微信号、电子信箱、博客都公布给学生家长，让他们随时随地都能联系到自己。无论家长打电话，还是直接到学校来访，班主任都持欢迎态度，先给他们倒水，再介绍学生情况，对家长提出的问题，热情细致地加以解答，以诚相待。时间长了，家长也就信任班主任，从而与班主任建立了亲密的关系，这无疑更加有利于班级管理工作的开展。

3. 班长角色

班主任应时刻做到与班集体共荣辱。在学校面前，班主任代表的就是班级整个集体的形象。班主任要担任好班长角色，要在班级管理中，依据学校对学生提出的要求和规定，和学生一起制定班级学习制度、纪律规范、作息制度、生活规则。班主任要明确地告诉学生，每个班级成员的一言一行代表的不仅仅是个人，而是整个班集体。班主任和大家紧紧团结在一起，同参与、共活动，同学们的集体荣誉感大大增强，积极为班集体献计献策、出力流汗，这样的班级一定会朝着好的方向发展。

4. 学生角色

在任课教师面前，班主任就是班级学生中的一员，应站在学生的立场和角度与任课教师交流，向学校反映问题。比如，哪门学科的教师不注意研究新课程标准，讲课脱离教材内容，教学方法不得当，学生学习积极性不高，班主任就直接和学科教师沟通；某些教师布置的作业量大，加重了学生的负担，班主任就直言不讳地反映给该学科教师；有的教师批评学生时不注意方式和方法，伤了学生的自尊，影响了师生之间的感情，班主任就直接和教师交流，提醒他们注意方式，共同构建和谐的师生关系。学校组织考试，班主任也可以以学生的身份，及时地将班级学生的考试情况，包括成绩、差距、经验、教训、学生失分的原因等细致地做出总结，以书面形式向学科教师汇报，以便学科教师取长补短，改进教法，提高质量。当然，充当学生角色的班主任，还应虚心听取各任课教师对班级的意见，并努力做到让他们满意。实践证明，以学生的角度、学生的视野、学生的思维、学生的观点来思考和处理学科教学问题和师生关系，是最为行之有效的班级管理理念和方法。

（三）社会学视角下班主任的角色定位

1. 班级工作的设计者

班主任作为班级工作和学生发展的设计者，以学生社会化为工作目标，以教育社会化为工作导向，以社会学和社会心理学为理论方法，将教育社会化的思想融入班级工作和学生工作的方方面面，并做出计划和构思。班主任作为班级工作的设计者，是社会化目标长期性和综合性的要求。社会化是一种长期的、综合性的教育目标，在教育实践中常常要求模拟社会情境，对前期计划、现场控制、后期总结的要求非常高。无计划、不设计的工作方式会造成班主任工作的杂乱无章、重点不明、目标模糊等问题。因此，工作设计成为教育社会化视角下班主任的一项非常重要的工作。

2. 班级事务的领导者

班级事务的领导者是指班主任在班级事务中，既要发挥教育、指导的作用，又要避免过度参与具体的执行和管理，因此，合适的角色应该是领导者。班主任作为班级事务的领导者，有两方面的原因：一是使学生代替老师成为班级事务的主要执行和管理者，是实现教育社会化目标的要求。学生进入社会之后，面临的工作环境往往是为达成某一目标而建立的社会组织，要在这样的组织中生存乃至取得更好的发展和晋升，必须具备人际交往能力、与他人合作的能力、自我管理能力等，这些能力是社会发展的重要部分，需要在群体组织事务中得到锻炼和发展。二是学生并不是真正成熟的社会个体，班主任不能完全放弃参与班级事务，而应该对学生的行为做出引导和纠正，以保证学生社会化发展的正确方向，促进其社会化发展的进程。因而，班主任需要成为班级事务的领导者。

3. 班级社会的模范成员

班主任作为班级社会的模范成员有两层意思：一是作为班级社会的成员，

与其他成员是民主平等的关系；二是班主任应当成为模范的成员，对其他成员形成良好的社会示范。一方面，班主任与学生的平等民主关系是教育社会化的要求。现代社会是民主社会，学生进入社会后，面临的人际关系主要是平等关系。这种关系有利有弊。个体既需要自我决策和自我约束，无法由他人替代决定和加以管束，同时也具备更大的自由度，有了更多表达和实施自我意愿的机会。在传统的班主任角色下，很多学生在脱离学校和家庭的约束和保护之后，可能面临无法自我决策、缺乏自我约束能力或者不懂得争取自己的正当权利、压抑自己的意愿等困境。独立、平等、民主的人际关系也需要训练，班主任应当重新审视与学生的关系，在班级中形成平等民主的氛围，以训练学生适应和处理这种人际关系的能力。另一方面，学生作为尚不具备良好社会功能的个体，如何表达自己的意愿、争取自己的权利、约束自己的行为、做出正确的决策等，都需要一个具有良好社会性的个体进行引导，班主任就是最合适的模范人物。

4. 班级社会活动的对外联系人

班级社会的对外联系人是指班主任应该关注班级和社会需求，与外界保持联系。班主任对外联系的角色是教育社会化的要求。学生进入社会后，最重要的社会适应能力就是融入社会、参与社会活动的能力。这样的能力需要在真实的社会环境中进行训练和培养，因此，使更多的社会力量参与到教育中来，使班级更多地接触社会、参与社会活动、进行社会互动是满足教育社会化要求的不二选择。但是，学生作为“准社会人”，尚不具备完全独立地进行社会活动的能力，主要体现在：没有足够的人脉关系和消息源；能力、判断力不足，缺乏关于社会规则和社会关系的知识；身心上还处于弱势地位，不完全具备自我保护的能力。由于长期以来的社会传统意识，社会不太理解学生参与社会活动的意义，会采取轻视和忽略的态度。班主任就应当充当班级的对外联络人，帮助班级的社会活动顺利进行。

（四）精神关怀视角下班主任的角色定位

1. 精神关怀的价值意蕴

“精神关怀”这一术语来自英国，原指教区的牧师或主教给予教区内教民的关心与帮助。现在，“精神关怀”一词的使用超出了宗教范围，被英国、澳大利亚、新西兰、新加坡等国家用作精神教育的一个术语。对学生“精神关怀”，是以人为本的教育本质的规定，是教育人性化的表现。它反映了班主任教育劳动的性质，即班主任所从事的是以心育心、以德育德、以人格育人格的精神劳动。

第一，班主任要学会精神关怀。我国学者班华对于班主任作为学生的精神关怀者有专门的论述。他认为，班主任最根本的教育理念、最重要的教育品质就是对学生的精神关怀。精神关怀内容广泛，其中关心、理解、尊重、信任是关怀情感的基本表现，也是学生基本的精神需求。作为班主任，要学会关心、理解、尊重、信任学生。关心与理解是紧密联系的，在关心中获得理解，理解学生才能善待学生；关心以尊重为前提，也是尊重的表现；信任也是尊重的一种表现，尊重与信任学生会给他们带来愉快的体验。

第二，精神关怀是学生成长的需要。学生的成长过程是身体发育和精神发育的过程。学生的精神发育需要一个稳定的、适宜的、和谐的环境。学生成长过程中出现的心理偏差，需要精神关怀去发现和矫正；学生的心理创伤，需要精神关怀去抚平。目前，就家庭教育来说，存在着过分重视物质需要、对孩子学业期待过高和对学校教育过分依赖等现象；就社会教育而言，存在着追求多元化、社会教育意识缺失等问题。这些问题给学生带来了难以回避的负面影响，对学校教育提出了更高的要求，学生对精神关怀的需求显得尤为突出。

第三，精神关怀是班主任专业化的需要。精神关怀不仅是班主任专业工作的核心内容，更是班主任专业化的核心内容。从外在的日常教育活动的层次看，班主任的工作是组织、教育、管理班级学生；从内在的深层次看，班主任是学生的精神关怀者。班主任要关心学生的全面发展，而关心学生的精神生活和精神发展是其核心部分。

2. 从知识关怀到精神关怀

班主任要成为学生的精神关怀者，就要从对学生的知识关怀转向精神关怀，从知识本位的教育转向人本本位的教育。班主任不仅要关心学生的学习成绩，关心他们的生活状况，更要关心学生的内心世界，关心他们的情感、情绪及精神生活。哲学家雅斯贝尔斯认为，教育过程首先是一个精神成长过程。确实，教育过程首先是一个精神成长过程，然后才成为科学获知过程的一部分。在应试教育还在顽固地影响人们的选择，学校的课程设置过分强调知识、技能的大环境下，我们尤其要倡导教育的精神关怀。这与基础教育课程改革所倡导的理念是一致的，即让学生从学习知识、技能的过程中，使其情感、态度、价值观得到协调发展。

每个学生都有自己的发展优势。从智力发展而言，班主任应该据此提供合适的、具有差异的教育；从精神发展而言，教师应该给学生多一点鼓励，多一点期待，这对学生发展是极其重要的。研究表明，对学生持有良好的期望，会帮助学生克服心理和现实的种种障碍，取得令人吃惊的成绩；反之，以“有色眼镜”看学生，会对学生产生较强烈的“我不行”的心理暗示，从而影响学生身心的健康发展。在班主任的工作实践中，有许多成功的做法和经验，如开展奖章评比活动，对暂时落后的学生“借一枚奖章给他”等，这些起到了激发学生积极性、自觉性的作用。无论何时，我们都应该树立这样一种信念：每个学生都具有发展的潜力，只要为他们提供合适的教育，每个人都会获得成功的人生体验。教育是关注人的灵魂的一项事业。没有精神关怀，就没有真正的教育。班主任是一个特殊的教师群体，是学校中进行道德教育的主要承担者，因此，必须学会精神关怀，把教育的智慧与艺术贯穿于日常工作的每一个细节之中，培养出全面发展的人才。

3. 关心学生的心理健康

青少年正处于身心发展的重要时期，随着生理、心理的发育和发展，竞争压力逐渐增大，社会阅历的扩展及思维方式的变化，他们在学习、生活、人际交往和自我意识等方面可能产生各种各样的心理问题。如果这些问题得不到及时解决，将会对学生产生不良的影响。因此，对学生进行心理健康教育，是班主任的重要任务之一。班主任要在日常生活和学习中关心学生的心理健康，为学生创设良好的心理氛围，维护学生的心理健康。

第一，要做学生心声的倾听者。班主任要耐心倾听学生的心声，使学生感到你是可以信赖的人，这样，就能使他们主动地进入谈话的角色中。师生之间应当建立一种相互信赖、彼此坦诚的人际关系。这种互相信赖的关系，从第一次见面或谈话时就要注意培养。谈话中，班主任要表现出对学生所谈的问题感兴趣，注意听，而且听得懂。只有这样，班主任才能拥有打开学生内心世界的钥匙。

第二，对学生不良情绪进行调适。教师要善于对学生的不良情绪进行调适，使学生保持一种良好的心理状态。情绪就是几个小时、几天甚至几个星期持续地影响一个人的体验。由于各种原因，学生会产生悲观、焦虑、愤怒等不良情绪。对待学生的不良情绪，最好的办法是让他发泄出来，然后因势利导，使之放松心情，尽快进入学习状态。

第三，用爱滋润学生的心灵。青少年有一种积极向上的心理状态。班主任要有一颗爱学生的心，善于发现和把握他们心灵中闪光的东西，点燃他们自信心、自尊心的火种。每个人的身上既潜伏着自卑、虚荣、报复、破坏等恶的种子，也潜伏着宽容、理解、同情、关爱、友善的元素。如果缺乏爱的滋养，学生身上所潜伏的恶的种子就会无节制地疯长。班主任的爱，可以滋润学生的心灵。

4. 培养学生的关怀精神

班主任不仅要成为学生的精神关怀者，更要注意培养学生的关怀精神。因为现在的初中生大多是独生子女，他们时时刻刻被关注着、关怀着，这就有可能使他们以自我为中心，不会站在别人的角度考虑问题。所以，班主任要帮助学生走进他人的世界，学会关心他人。

第一，走进同学的世界。一方面，要营造班级真诚对话的气氛。班主任要以一些特殊事件作为切入口，给学生之间创造真诚对话的机会。可以先让学生用写的方式表达自己的想法，这就减少了一味地相互抱怨，让学生学会心平气和地交流。还可以建立班级的网上家园，或是班级网页、班级博客，让每个学生在网上家园中相互了解、相互帮助。另一方面，通过开展班级活动，如班级讨论课、主题班会等，搭建真诚对话的平台。在讨论课上，教师要组织学生讨论遇到的一些事情，可以是刚刚发生的愉快的事，可以是同学之间发生的一些矛盾，可以是学习中遇到的困难，等等，帮助学生相互理解，激励学生帮助别人。不仅如此，班主任还可以通过行动强化对话意识，比如让学生走近同桌，了解他的爱好、个性，学会和同桌相处。班主任可以布置任务：给周围的同学写评语，要求发现他人的优点；详细写下同学所做的让你感动的事；欣赏的同学的书面作业；完成一些需要合作的工作或者作业；等等。

第二，走进教师的世界。帮助学生走进教师的世界，让他们发现：教师和自己的父母一样是平凡的人，他们和蔼可亲，无须畏惧。帮助学生走进教师的世界，可以先从走近班主任开始。班主任和学生走得近一些，可以给学生讲述自己的家庭，讲述自己的喜、怒、哀、乐，让他们看见教师生活中真实的一面。此外，还要帮助学生走近任课教师。班主任不妨透露一些任课教师的业余爱好以及与教学无关的个人特长，满足学生对老师的好奇心。严厉一些的任课教师，学生大都有些害怕，但总有个别学生不但不怕而且喜欢老师，那就让全班知道个中原因，让大家都喜欢该任课老师。

第三，走进父母的世界。帮助学生走进父母的世界，一方面，要让学生了解自己的父母：父母小时候是怎么玩的？父母最喜欢的颜色是什么？父母最喜欢吃的食物是什么？他们是什么时候结婚的？虽然父母是你最亲近最熟悉的人，但是你会发现父母身上有着你不知道的世界。另一方面，要教会学生感谢父母，让学生不仅要把感激之情说出来，还要写出来、做出来。班主任可以安排学生完成一项特殊的作业：向爸爸妈妈说一声“我爱你”。不是仅说一次，而是要经常表达，让父母知道你爱他们。这样，学生会对父母有新的认识，和父母的关系也会更加融洽。在父亲节、母亲节的时候，要提醒学生给父母写一封信，感谢父母的养育之恩；在父母生日的时候，班主任要提醒学生买枝鲜花、买张贺卡表示祝福。班主任还可以布置一项长期的家庭作业：为父母分担一些家务，哪怕是为父母端茶送水。通过这些做法，帮助学生走进父母的世界，体味父母那份最深沉、最永恒的情感。要知道，一个能够感激父母、感恩父母的人，才能热爱别人，热爱生活。

（五）核心素养视角下班主任的角色定位

核心素养的提出是全球化和信息化时代我国做出的对人才质量标准的重新定位。尽管我国针对核心素养的研究尚处在基础层面，但目前已经有不少学校开展了针对培育学生核心素养的教学实践。例如，清华大学附属小学建构并实施了基于学生核心素养发展的“1＋X”课程等。从某种层面来讲，培育学生核心素养的首要工作就是要重新审视班主任的角色，并且重新塑造适应学生核心素养发展需要的班主任角色。

1. 与任课教师之间，班主任应由协助者转变为班级教师团队的核心

在传统的任课教师和班主任的职责中，班主任负责对班集体的管理，任课教师负责相应学科的教学，任课教师间沟通协作较少、各自为政。当任课教师在教学过程中发现有关学生的异常情况时，往往会将信息反馈给班主任寻求协助，而相反，班主任在管理班级过程中却很少会要求任课教师经常参与和协助。究其原因，班主任和任课教师之间相互独立，并无从属关系，这就导致了班级的教师团队相对松散，缺乏大局观。而这样的格局对学生核心素养的培育显然有所缺陷。

学生核心素养的一个显著特征就是综合性、跨学科。这意味着，核心素养的培育需要多门学科教师的协同发力、密切配合。而班主任作为本班级学生综合素质健康发展的责任人，就需要由协助者转变为班级教师团队的核心，统筹班级全局，聚合群策群力。例如，在教学研讨中，班主任要打破学科界限，发挥核心作用，以班级为单位，组织本班级不同学科的教师一起研讨，共同交流讨论问题，开展针对学生核心素养与学科整合的专项课题研究，各抒己见，明确各自的任务分工，在共事中共同发展。同时，班主任可以组织各种类型的教师非正式交往活动，让任课教师在更宽松和自由的氛围中感受团队建设的必要性。由此可见，班主任需要以培育学生核心素养为核心，汇集班级任课教师的力量，形成有和谐一致的价值取向、相通相融的教育行为、系统协调的教育功能的教师教育合力。

2. 与家长之间，班主任应由反馈者转变为亲子沟通的智慧参谋

在传统的管理方式中，班主任主要是对学生的在校行为表现进行管理和

约束，跟家长的交流沟通也仅仅是针对学生在校期间的行为习惯，充当着学生在校情况的反馈者。可是，在校外，班主任与任课教师一样，是与学生、家长相互脱离的，是不参与学生校外生活的局外人。家长在与学生沟通时出现的问题以及学生在课外生活中遇到的困惑，很少得到班主任的有效帮助和引导。有的学生在与父母产生矛盾后诱发心理问题，这时，作为局外人的班主任也无法对此类学生进行有效干预和疏导。当学生核心素养被提出后，我们可以发现“健康生活”“责任担当”等素养并不是学生在学校就可以完全习得的，学生生成相应素养更需要在生活情境中不断反思，这使得家庭作为第二课堂的作用越发凸显，亲子有效的沟通交流成为必不可少的环节。

如果说学校教育为学生培养核心素养提供了关键场域，那么家庭教育则是学生核心素养内化升华的重要环节。当前，随着生活节奏加快，很多家庭并不知道如何开展家庭教育，甚至亲子沟通都存在一些障碍。这时，就需要班主任由学生在校情况的反馈者转变为亲子沟通的智慧参谋。例如，在家长与学生由于思维方式不同产生沟通隔阂的时候，作为亲子沟通智慧参谋的班主任，要通过对学生的日常关注及时发现问题，对家长的家庭教育提供咨询和建议，使家长逐渐理解子女身心发展的特点。同时，形成“课内与课外一盘棋”的格局，将学校教育与家庭教育有机统一起来，针对培养学生“健康生活”“责任担当”等素养，积极与家长沟通，建立常态化的家校研讨，形成家校合力。

除此之外，班主任要意识到学生在生活情境中反思的重要性，与家长联盟，共同为学生创设反思的环境条件。要帮助学生在课外生活、在与父母的沟通互动中对自身的行为习惯和思维方式进行有效反思，促进学生在生活实践中，学会运用反思，提升“健康生活”“责任担当”等素养。

3．与学生之间，班主任应由管理者转变为学生自治管理的组织参与者

在传统观念中，班主任的主要任务是规范和指导学生的在校行为表现，关注学生的内心世界，是学生全面成长的保护者。在实践中，班主任常常以领导者的姿态出现，充当了管理者甚至是直接指挥者的角色。因此，传统的学生作为班级的一员处在被动接受命令、被支配、被控制、被管理的状态。

然而，随着学生发展的核心素养被提出，在社会异质团体中互动，即社会参与作为学生核心素养之一，成为基础教育阶段重要的育人目标，原先的陈旧管理方式，已无法继续适应当前的新环境。

在有效培育学生“社会参与”的素养的过程中，班主任不可能再是传统班级管理中的领导者，而是要帮助学生摆脱被动接受命令的习惯，给学生充分的自主权，有效地组织学生在自主管理中发现自我的价值。学生作为班级管理的主角，通过与同伴积极有效的沟通交流，迸发管理智慧的源泉，生成合作协商的民主意识。这样的具备民主氛围的班级就要求班主任由班级事务的管理者转变为学生自治管理的组织参与者。除了具备学生本位的意识，还要拥有组织学生的智慧，引导学生在自主管理班级事务中发现疑难、寻找解决对策、合作协商解决疑难。例如，针对下午第一节课班级学生学习效率不高的情况，班主任可以组织学生在班会课畅所欲言，学生之间相互讨论，找出原因后，每位学生分享一个对策，再由各小组讨论可行性。在这个过程中，班主任要关注每位学生的表达方式和性格特点等，从而确保每位学生都可以参与班级事务。同时，班主任作为组织者，还应该帮助性格内向的学生，让他们敢于表达自己的观点，更好地融入学习共同体当中。

需要注意的是，给学生主动权并不意味着班主任可以成为旁观者，相反，班主任不仅要对共同体处理班级事务时的策略做出指导和反馈，还应与学生深度讨论，从不同维度引导学生形成批判性思维，辩证地思考问题、处理事务，对学生自主管理班级的过程与方法做出综合性的评价。在围绕班级事务的管理过程中，班主任与学生的关系真正从传统的“命令官一办事员”转变为平等的“朋友一朋友”，真正实现师生之间的民主平等和教学相长。

第三节　班主任角色的发展

伴随着基础教育新课程改革的不断深入推进，以及教育供给侧结构性改革、“互联网＋教育”等教育新常态的出现，我国班主任制度也处于变革与发展之中，班主任的角色由此也悄然出现了一些崭新的变化。

一、全员班主任制

所谓全员班主任制，是指为了解决班主任负担过重的问题，每班安排一名有班主任工作经验的教师任中心班主任，负责该班的总体管理工作，其他科任老师则任副班主任，各自负责学生管理某一方面工作的班级管理模式。全员班主任制是实行全员德育的有效尝试，有利于教师传道、授业、解惑的合一。长期以来，每班只设一名班主任，既传道又授业解惑，科任教师则专上文化课，只授业解惑不传道，无形中弱化了其育人功能，加重了班主任的德育负担。全员班主任制，把学生的管理和教育按项目划分给每一位科任教师，促使其既授业解惑又传道，班级德育由单人实施变为群体共进，势必让每个学生得到教师更多的关注，为实现全员、全方位、全过程育人创造条件。全员班主任制有利于提高德育成效。全体教职工都在不同岗位上担负起育人责任，可以将德育工作做得更细致深入，提高管理的科学性。

例如，山东省高密市仁和镇试行全员班主任制。其操作办法如下：第一，自愿申报，双向选择。每学年教职工聘任伊始，教师自愿申报担任正、副班主任工作，然后由学校依据个人能力水平和志愿聘任正班主任，正班主任按双向选择的原则选定本班的副班主任。每班只设正、副班主任各一名，其余未被聘任为班主任的教师由个人自愿申报值勤教师岗位，在课余时间负责本班学生常规管理工作。第二，相互关联，同舟共“积”。各校把学生学习、生活、纪律等一日常规进行分解，由正、副班主任及执勤教师分工负责，事事有人管，并进行量化考核，每周一公布，期末汇总。在对正班主任的考核中，本人量化成绩占2/3，副班主任的成绩占1/3；在对副班主任的考核中，本人量化成绩占2/3，正班主任的成绩占1/3。考核结果与绩效成绩、绩效工资和校内职务挂钩。由于正、副班主任教师在考核中相互关联，所以双方必然在尽职尽责的同时，相互帮助，相互支持，从而实现共同提高。为了鼓励优秀教师担任正班主任，在聘任方案中规定：全校副班主任考核成绩最高相当于正班主任的第2、3名，而值勤教师的考核成绩最高相当于副班主任的第2、3

名，既不担任正、副班主任，又不担任值勤教师的专任教师，其“教育水平”考核为0分，这样就从制度上保证全体教师都担负起育人责任。

从目前情况来看，实施全员班主任制需要处理好以下几个问题：一是在全员班主任制的环境下，各班主任之间的意见要达成一致，否则会因各自的教育习惯、教育方法的差异而造成学生认知混乱，难以形成班级教育合力，降低教育效能。二是班主任间的权责要明确界定，否则易造成责权混乱。三是要制定互相关联的考核激励机制。各班主任之间，特别是正、副班主任的绩效要彼此关联，进行量化评价。年终评比时，按平时成绩算入考核。四是要注意发挥学生自主管理的积极性，否则会由于班主任课间过于频繁的管理，降低学生自我管理的积极性。

二、专职班主任制

所谓专职班主任制，是指学校委派教师专职从事班级管理与教育工作，全职充当班主任角色。其具体职责是：维护班级课堂纪律，及时了解学生学习生活情况，做好学生思想教育工作，及时与家长沟通，向学校主管科室汇报情况，处理班级突发事件，等等。专职班主任制的推行，一方面，有利于学校为学生提供优质的教育服务。由于全面贴近学生，专职班主任能感受学生的喜怒哀乐和酸甜苦辣，了解学生关注的热点问题，及时为学生释疑解惑，为提高学校教育质量奠定基础。另一方面，专职班主任制也有利于教师自身素质的提高。专职班主任由于专事班级学生教育与管理工作，可以使学校教师教学与管理相对分开，容易促进教师专业化，也能促进班主任专业能力的提升。

湖北省黄冈艺术学校较早实行这一制度，其具体做法：一是班主任全程跟班、专职领学。专职班主任在跟班听课过程中，随时监督和掌握学生的学习情况，并实施量化管理，作为班主任工作的依据。二是全程管理、定点办公。与学生同吃同住，及时了解、关心每位学生的学习和生活情况，了解其思想状况，实行“全天候、快节奏、严管理、重过程”的工作方针，达到“8小时工作制，24小时负责制”的要求。三是全面计划、整体协调全班学生学习、生活、课外活动。专职班主任与学生共同制订个体发展计划，以学生为主，并及时通知学生家长。

然而，专职班主任制也面临着一些问题：第一，专职班主任需要管理的班级较多，往往是一名教师担任一个年级多个班或几个年级的班主任，工作负荷重，责任很大，工作中难免顾此失彼。第二，专职班主任选拔标准较高，既不能是“保姆型”，也不能是专门维持纪律的管理人员。专职班主任应具有以学生发展为本的核心教育理念，爱岗敬业、关爱学生的专业精神，以身作则、为人师表的专业道德，渊博的教育学、心理学、管理学等专业知识和较强的专业能力，而具备这些素质的人更愿意往专业上发展而非担任班主任工作。第三，对专职班主任的考核标准未量化，评价体系不够健全。专职班主任由于工作繁杂、压力大，而职务上又难以提升，易滋生职业倦怠感。

三、AB 班主任制

所谓 AB 班主任制，是指为了解决班主任工作负担过重的问题，根据教师年龄、性别、学科以及个性特征和管理风格，在一个班级中配备 A、B 两名班主任，共同管理班级的班级管理模式。其中，A 班主任为核心班主任，B 班主任为副班主任。实践证明，A 班主任和 B 班主任的优化组合，一方面能提高班级教育的针对性和有效性，通过共同设计班级建设方案，能使班主任的学科知识、性格、性别、特长与能力等在合作中优势互补，共同提高班级管理水平。另一方面，A 班主任和 B 班主任适当分工，既可培养班主任后备力量，也可以让经验丰富的班主任挤出更多的时间和精力开展学习、研究，加速专业成长。

浙江省建德市严州中学在 2000 年开始了 AB 班主任制的实践。其具体实施步骤如下：第一，宣传发动。由学校大力宣传实施 AB 班主任制的背景、目的、意义、要求，并公布实施方案等，鼓励广大教师积极参与班主任工作。第二，双向选择。由教师本人向学校提出担任 A 或 B 班主任的申请，学校有关部门与教师双向选择；A、B 班主任之间也进行双向选择。第三，学校考核。学校对申请担任 A、B 班主任的教师进行德、能、勤、绩等的全面考核，根据学校班级管理工作需要，确定 A、B 班主任候选人。学校公布拟任人选，征求各方意见后，确定 A、B 班主任。第四，签订协议。学校与 A、B 班主任签订班主任工作协议，具体明确 A、B 班主任的权利与义务关系。第五，走马上任。根据职责要求，A、B 班主任分工管理班级工作。第六，优胜劣汰。根据《班主任考核条例》的要求，期末对 A、B 班主任进行考核，评选优秀班主任并进行适当奖励。工作业绩突出的 B 班主任可转聘为 A 班主任，工作业绩平平的 A、B 班主任将暂时失去担任班主任的资格。第七，总结完善。根据 A、B 班主任工作的实际需要，定期与不定期地进行 A、B 班主任的经验总结，提高班主任的管理水平。

实施 AB 班主任制必须遵循以下原则：一是优化组合原则。学校在确定 A、B 班主任人选时，除了考虑新老、男女、文理学科搭配外，还要特别注意两人性格和工作方法的差异与相容度，以达到心理相容、优势互补的要求，否则，会造成班主任间工作上的分歧，影响班级工作的开展。二是分工合作原则。要明确 A、B 班主任的权责，A 班主任全面负责班级管理工作，并负有指导 B 班主任的责任；B 班主任在 A 班主任的指导下参与班级管理工作。三是考核激励原则。学校如果没有完善的考核与评优激励机制，会造成 A、B 班主任工作的懈怠，疏忽班级管理责任，降低班级教育成效。

四、学生助理班主任制

所谓学生助理班主任制，是指在教师指导下学生自我管理的班级管理模式。助理班主任可以是学生群体中的优秀个人，也可以是学生小组形式的团体管理。助理班主任不是班主任的代言人，也不是班干部的管理者，而是班级管理的执行者，主要负责班级常规工作，充当班主任的角色。助理班主任的工作方式大体有两种。

（一）由本班学生团队担任

在某一段时间内（通常为 3～4 周），让一组学生（4～5 人）负责班级常规管理工作，充当班主任的角色。一组工作结束后，进行总结评比，另一组接替上一组的工作。几组学生轮换，使全班绝大多数同学参与班级管理，以培养学生自我管理能力。

例如，江苏省如东高级中学自2001年以来，推行助理班主任制，其实施步骤如下：第一，鼓励学生积极参与班主任工作。班主任利用班会课时间，做一次全面动员，让学生弄清这种制度对培养锻炼自己能力的意义。课后，找同学谈心，鼓励他们积极申请参与助理班主任工作。第二，成立助理班主任小组。根据学生自愿报名情况，把报名学生分成几组，每组4～5人，分组时，注意男女、走读生与寄宿生、当过班干部与没当过班干部学生的搭配，力求各组同学之间各种比例的合理、均衡。第三，召开助理班主任小组会议。助理班主任小组成立后，先由该小组开会讨论工作思路及设想，由小组成员推举一位组长、两位副组长，同时，选出学习委员、劳动委员、生活委员、文娱委员等班干部，明确各自的分工和职责。然后，班主任召集小组成员，提出工作要求和目标，并倾听组员们的建议和要求。最后，利用班会课时间，对全班学生宣布小组分工情况，由组长向全班同学表态，对同学们提出要求和希望。第四，定期总结评比，在每小组工作期间进行两次总结评比。第一次是在一至两周后，对一两周以来本组工作进行总结、评价，由一名副组长进行总结，然后在班主任的主持下由全体同学打分，并对后一阶段该组的工作提出一些建议和要求。第二次是在该组工作期满后，由组长进行总结，仍然采用无记名方式进行打分，并推举两名组员为最佳助理班主任，作为学期结束评优工作的重要依据。

实践证明，学生参与班主任工作具有以下优点：一方面，学生能体会到班主任工作的繁杂和辛苦，因而平时会更加尊重和配合班主任及其他助理班主任的劳动。另一方面，培养了自己的管理实践能力。由于各小组之间引入了竞争机制，各组组员工作十分认真，班级常规管理工作开展得有声有色。

（二）由在校高年级优秀学生志愿者担任

志愿者在班级管理中的地位高于学生干部、又低于班主任教师。其主要职责是帮助新生尽快适应新学校的生活，及时有效地处理班级管理中出现的问题，并进行必要辅导，以完成不同学段间的过渡，营造良好的班风和学风。

例如，广东省惠州商校推行“学生助理班主任”的班导模式。在全校范围内公开选聘高年级优秀学生担任一年级各班的学生助理班主任。通过公开选拔、培训、聘用和考核，有72名“学生助理班主任”持证上岗，担任36个班的助理班主任。受聘者大部分是校团委、校学生会、系部团总支、学生会和各学生社团的主要干部。在平常工作中，学生助理班主任采用日常跟踪制（正常上课除外），一操、一读、晚休跟班，每天登记和汇总班级学生日常行为情况。对班级出现的异常行为进行及时处理，对较严重的违纪行为及时向班主任汇报。学生助理班主任在班主任与学生之间架起了一座畅通桥梁。实施助理班主任制，一方面，能提高班级建设成效，助理班主任由于熟悉校园，来自学生，与学生没有代沟，因而其工作作风和方式更贴近学生实际，更有利于交心谈心，因势利导，达成情感上的认同，能很好地将制度管理与人文教育充分结合，达到润物细无声的教育效果。另一方面，能够激发学生自主参与意识，培养学生自我管理能力，营造民主的班级管理风气，增强学生的集体主义责任感。

五、无班主任制

所谓无班主任制，是指各班不再设班主任一职，而是在学生自主管理的基础上，由年级班主任教师进行指导和宏观管理，以实现学生自我发展的班级管理模式。这种模式用“班级导师组制”来取代传统的班主任制，旨在培养学生的主体意识和主体能力。班级所有活动由导师组和学生共同计划，学生自主完成。教师由“管理者”变为“指导者”，教师以导师身份走进学生的情感世界，促进学生主体意识的觉醒，实现自主学习、自主管理和自我发展。这种改革尝试一经媒体传播，便引起社会广泛关注。

例如，上海市闵行中学进行“学生民主管理模式”的改革实验，取消班主任制，试行年级组班主任制，全年级10个班共500名学生，设4位班主任老师，1位任年级组长，总管全年级事务，其他3位分别担任学习、生活和品德的班主任。并通过全年级“学生代表大会”选出两级“学生管理委员会”

成员，各班成立执行班委会，由竞选成功的执行“班主任”主持班级管理工作。各班有30％的学生担任干部，任期一年。吉林省长春市某中学在初二年级的18个班实施“无班主任管理”制，由4位班主任教师负责全年级的学生管理工作，具体做法与闵行中学大体相同。实行无班主任制，必须注意处理好以下几个问题：第一，以4位年级班主任教师取代了原有的18名班主任，教师的精力能否应对得过来，应如何调节。第二，需要在发挥教师的主导作用和学生的主动性之间找到平衡。第三，学生自主管理习惯的培育与形成是推行这一制度的一个重要基础。第四，推行这一制度也需要整体的教育行动，需要一个良好的教育内外环境。

第二章　班主任的素质修养

作为班级管理者、教育者和组织者的班主任，其整体素质如何，对班集体建设以及学生的健康成长起着极为重要的作用。因此，提高班主任素质就成为深化教育改革、提高教育质量的一项重要任务。班主任的素质修养是现代班主任适应其工作特点、完成教书育人任务的重要保证。

第一节　班主任的教育理念

教育理念是班主任对于教育的根本观念或根本认识。班主任对许多具体教育问题的认识，无不受教育理念的支配与制约。班主任工作的指导思想、工作策略，无不打上教育理念的烙印。教育理念是一定时代的政治经济制度和社会意识形态的反映，不同的时代有不同的教育理念。教育思想的更新，从根本上说是教育理念的更新。新时代，传统的教育理念中的许多成分已经变得陈旧过时，这些陈旧的观念，已经成为当代教育发展和改革的阻力。思想、理念是行动的先导，班主任树立先进的教育理念，对于适应时代的发展、推进教育的改革、促进人才的培养具有重要的作用。

班主任要树立先进的教育理念，主要包括以下几个方面：

一、坚定的教育信念

坚定的教育信念有两层含义：一是坚信教育工作在祖国建设和社会发展中的重要意义，忠诚党的教育事业，坚定从教爱教的决心，对班主任工作充满荣誉感和自豪感。只有这样，才能热爱自己的工作，做好教育工作。二是坚持“孺子可教”的观点，确信教育的力量。相信每个学生都有优点和才干，都可以教育好。要对做好教育工作充满信心。对于有某些缺点和错误的学生，只要对他做深入细致的思想教育工作，也能让他有所转变。班主任只有树立坚定的教育信念，才能在工作中不畏困难曲折，收获辛劳的成果。坚定的教育信念是班主任做好工作的精神支柱。如果班主任对自己的工作妄自菲薄，畏首畏尾，怎么能够做好自己的工作呢？

教育信念是整个教育工作的基础，也是班主任全部工作的基础。优秀、成功的教育工作者，都有着坚定的信念，满腔热情地精心塑造每一个纯真的心灵。很难设想，一个没有坚定的教育信念、没有忠于党的教育事业的高尚品德的班主任，能够成功地做好学生的教育引导工作。

二、强烈的创新意识

注重学生创新精神和实践能力的培养是素质教育的核心。要培养学生的创新精神，班主任就必须有创新能力和强烈的推崇创新、追求创新、以创新为荣的观念和意识，借以影响学生、培养学生。那些墨守成规，因循守旧，教死书，死教书，没有创新能力和创新意识的班主任是培养不出具有创新精神的学生的。新时代，培养出大量创新型人才，已经成为在国际竞争中立于不败之地的关键。而创新型人才的培养，关键在于教师。班主任应当是最有创新意识的人，只有创造型的班主任才能培养出紧跟时代潮流的学生。当前，我国教育改革的步伐正在加速，只有具有创新精神，才能适应教育改革的需要，才能走在教育改革的前列。

三、正确的教育观念

班主任必须具有正确的教育观念，才能采取正确的决策，处理好各种教育关系。缺乏现代教育观念，往往导致班主任用旧的眼光看待新的事物，采取过时陈旧的教育措施，这样的班主任无法适应时代的要求。观念的变革是教育改革的前奏，也是班主任工作的先导。树立正确的教育观念，是培养创新人才的重要保证。

（一）正确的人才观

中共中央在关于教育体制改革的决定中，开门见山地指出，改革的目的，就是要提高民族素质，多出人才、出好人才。要有效地完成这一任务，就必须把基础教育办成提高国民素质与培养人才的奠基工程。因此，素质教育的推行，不单单是教学业务的问题，而是关系到我们国家培养人才的大问题。这个问题不搞清楚，素质教育的目标、任务就难以确定，素质教育的实施与运行也难以深入持久地开展。而这个问题，归根结底是树立怎样的人才观的问题。从应试教育条件下人们对人才的曲解，可以得出这样的结论，即应试教育的人才观以考试分数为人才衡量的唯一标准。在这种人才观的支配下，培养人才无非是要造就一批“应试的机器”“无独创性的人”。可见，应试教育的人才观具有明显的片面性、狭隘性、形式性。适应现代社会需要的素质教育人才必须具备以下特质：第一，全面发展；第二，强烈的主体意识：第三，积极的进取精神；第四，较强的自我完善和社会适应能力；第五，具有鲜明的个性，能够驾驭和享受现代文明的成果。班主任只有树立这样的人才观，才能完成时代赋予班主任的教好学生、培养人才的光荣任务。

（二）全面发展的教育观

教育观实际上是班主任对教育的认识。中小学教育是基础教育，是提高国民素质的教育，其着眼点在于促进学生的全面发展。时代的发展要求教育工作者必须迅速实现从应试教育向素质教育的转变。为了推进素质教育的实施，班主任必须树立全面发展的教育观。班主任树立全面发展的教育观，应当在工作中做到：在教育目标上，注重学生全面素质的发展。不仅要抓好智育，更要重视德育，还要重视能力和情感方面素质的发展，要促进学生德、智、体、美、劳全面发展。在教育对象上，坚持面向全体学生。素质教育一定要面向全体学生，要使全体学生都能得到相应的发展。在教学关系上，建立民主合作互助关系。建立师生民主合作互助关系要求班主任确立民主、平等、合作的教育观念，尊重学生的主体地位。在教学工作上，变“学生被动接受知识”为“让学生主动学会学习”。在实施素质教育的过程中，班主任要采取有效的教学方法，调动学生学习的积极性，变“要我学”为“我要学”。

（三）以人为本的学生观

班主任应树立以人为本的学生观。班主任树立以人为本的学生观，应当在工作中做到：

1. 树立学生是发展中的人的观念

教育要把学生的发展作为一切活动的出发点。学生是发展着的人，他们身上所表现出来的各种特征还处在变化发展之中，班主任要善于挖掘学生的潜能。以学生的发展为本，就是在教育活动中，班主任必须以学生的身心发展特点和成长规律为出发点，采取有效的方式或手段，把沉睡在每个学生身上的潜能激活，把学生的创造潜能最大限度地释放出来，培养学生的好奇心、求知欲，保护学生的探索精神、创造性思维，为学生充分发展丰富多样的个性、培养创新精神和实践能力提供广阔的自由空间。为了学生的全面发展，班主任必须在教育过程中充分了解每个学生的潜在智力、兴趣、爱好和特长，把知识的传授与能力、素质的培养结合起来。要加强对学生综合素质的培养，既要培养学生具备适应信息化社会、学习型社会所需要的基本素质，更要加强学生理想、信念、道德情操方面的教育，还需要强调对学生合作竞争意识与自主、开拓、创新精神的培养。坚持因材施教的原则，在施教方法、手段上必须符合学生的特点，让每个学生学会学习，学会创新。通过各种学习活动，学会交往、学会生存、求得发展，真正成为现代社会的合格人才。

2. 树立以学生为主体的观念

学生是学习的主体，是认识教育教学活动的主体，是掌握教育教学内容和方法的主体，也是形成自己的观点、信念、道德和人格的主体。具有现代学生观的班主任在教育教学活动中，应善于发扬学生的主体精神，促进学生主体的发展。教育影响只有通过教育对象的主观努力才能发挥作用。具体来说，教育影响只有被学生内部的动机、需要、认识、情感所接受，才能影响和作用于学生。如果没有受教育者的主观努力，任何教育都会落空。学校教育实际上是一个外因作用于内因的过程。学生才是学习的真正主人，才是自我发展的主体。把学生视为学习的主体，强化学生的主体意识，是符合教育过程规律的。学生主体性的发挥有赖于班主任的启发引导，但学生的主体意识受到多种因素的制约，同时，学生的知识、经验、能力、品质等一经形成就具有相对独立性，从而对教育影响表现出选择性和倾向性。班主任只有从学生已有的经验、兴趣、情感、能力出发，选择教育影响，组织教育活动，才能调动学生的积极性，并把教育要求变成学生的自我要求，取得教育的成功；也只有充分发挥学生的主体性，才能使学生的人格、个性、情感、能力等得到进一步的发展。

（四）现代的教学效率观

传统的教学不讲效率，为了取得好的学习成绩，可以不计师生时间和精力的投入。这种观念已经远远不能适应新时代教学的需要。在新时代，需要学习的知识大量增加，而学习的时间却是一个常数。随着时代的前进，二者之间的矛盾越来越突出。树立现代的教学效率观是解决这个问题的重要出路。所谓现代教学效率观，就是要有以较少的时间和精力取得最大的教学教育效果。从管理的角度来说，应当把教学和学习效率高的教师和学生树立为榜样，不要提倡“十分耕耘，一分收获”，或不顾师生健康的“小车不倒只管推”的做法。提高教学效率的途径有：提高学习熟练程度、减少无效劳动、避免过度学习、讲究科学方法。

（五）民主平等的师生观

民主平等的师生观要求班主任与学生的关系应是互尊互爱的平等关系、

教学相长的相互学习关系。在教育过程中，树立师生民主平等的观念，也包括有组织的教育活动以外的一般人际关系，两者都需要在民主平等的基础上发展。在教育过程中，班主任与学生的地位、作用不同，但目标是一致的。为实现教育目的，班主任要发挥主导作用，就必须调动学生的主动性，而要使学生积极主动地学习，有高度的自觉性，就必须充分尊重学生的人格，发扬教学民主，建立民主平等的师生关系。

第二节　班主任的职业道德素质

班主任的职业道德是班主任从事班级教导工作所应遵循的行为准则和规范，一方面，要与社会总体道德相一致；另一方面，还要与教师的职业道德和班主任教师所从事的工作相联系，具有自身的特色。

一、对待教育事业的道德

（一）热爱教育事业

教育对社会文化具有继承、传播、发展的功能，它为社会培养合格的公民，关系到祖国的昌盛和民族的兴亡。因此，热爱教育事业、忠诚于人民的教育事业、为教育事业贡献自己的整个身心，是每一个班主任对社会负有的崇高职责和最基本的职业道德，是班主任崇高声誉的重要标志。同时，热爱教育事业又是每一个班主任进行教育工作的强大动力，是每一个班主任必须具备的职业道德。班主任热爱教育事业体现在自觉地把国家和人民的利益放在第一位，不计名利，不计得失，唯求学生成为栋梁之材。为此，班主任必须充分认识教育事业的伟大作用，增强对教育事业的荣誉感。

（二）献身教育事业

班主任要不计辛劳，不计得失，积极献身教育事业。班主任工作的示范性、复杂性、创造性、全面性以及艰巨性等，决定了班主任所从事的工作是十分光荣，又是平凡而艰辛的。而班主任工作效果的模糊性、中介性和缓显性，又决定了他们的劳动不易为人们充分理解。班主任只有不怕辛苦，不计得失，才能在这个平凡而又艰苦的岗位上，长年累月地为他人发展默默地奉献自己。“蜡烛”和“人梯”精神，正是这种高尚道德的真实写照。班主任应该自尊自爱，要认识到自己工作的重要意义，树立无私奉献的精神，以献身教育事业为荣，以献身教育事业为乐，以高度的责任感全心全意地做好教育工作。

二、对待学生的道德

对待学生的道德是班主任处理与学生关系的行为准则，主要包括：

（一）热爱学生、关心学生

热爱学生和关心学生是班主任工作的前提。学生是教育的对象。班主任首先必须处理好与学生的关系。实践证明，热爱学生可以开启学生的心灵，消除师生之间的隔阂和误会，增强学生学习的兴趣，并使他们体验到学校集体的温暖。热爱学生是班主任的美德，是班主任心灵美的主要表现。没有爱，就不可能有真正的教育。热爱学生、关心学生是班主任职业道德的核心。热爱学生、关心学生是班主任工作的动力源泉。热爱是最好的教师，有了爱才能产生工作的动力。热爱学生、关心学生，班主任就会对学生满怀深厚的感情，自觉地尊重学生，深入地了解学生，成为学生的良师益友，从而建立起民主、平等、亲密、和谐的师生关系，更好地完成艰巨而复杂的教育任务。热爱学生和关心学生也是班主任教育学生的手段。爱可以产生伟大的教育效果，班主任对学生强烈的爱，可以促进学生不断发展，产生“皮格马利翁”效应。

（二）公正、平等地对待学生

班主任对学生应该一视同仁，使每一个学生都在自己的心目中占据一个位置。不应根据学生学习成绩的优劣、个人的好恶，甚至是与班主任关系的亲疏程度区别对待学生。公正、平等地对待学生，才能受到广大学生的爱戴。在此基础上，班主任才能成为学生心目中的楷模。公正、平等地对待学生，要求班主任教师着重于学生的发展，特别是对表现较差的学生，更应该爱护，做好长善救失的工作。对待学生偏心，最终会影响师生关系，影响学生的发展。

（三）尊重和信任学生

尊重和信任学生是班主任教育工作的前提。学生虽然是教育的对象，但首先是人。班主任应当尊重和信任学生，才能够使学生自觉地接受教育。如果班主任把教育学生的权力凌驾于学生的人格之上，必然会把斥责、讽刺、挖苦视为正常的教育手段，甚至发展到辱骂和体罚学生的地步，这必然会造成师生关系的紧张，从而削弱对学生教育的效果。

（四）严格要求学生

班主任对学生的爱，是一种受社会委托、把学生培养成为栋梁之材的、目的性更强、更为宽广的爱。爱护、信任与尊重是班主任工作的前提，严格要求学生则是班主任对学生爱护、信任和尊重的延伸。尊重学生、信任学生、爱学生必须严格要求学生，两者是辩证统一的关系。严格要求学生是班主任爱的重要组成部分。它既顾及学生眼前的得失和辛苦，更看重学生未来的发展和前途。那种为讨好学生和家长而放松对学生要求的班主任，最终是不能够促进学生更好发展的。

三、对待教师集体的道德

在现代学校中，培养年轻一代教师的任务，不是由个别教师独立完成的，而是由多位教师相互配合、互相协作、共同完成的。班主任是全班学生的领导者和组织者，班主任除了对学生进行管理、教育以外，还必须联系各任课教师，对学生进行教育。因此，班主任处理好与其他教师，以及与教师集体的关系，不仅反映了班主任的道德水准，而且还直接影响着对班级教育的效果。班主任对待教师集体的道德主要包括：

（一）尊重和信任其他教师

尊重和信任其他教师，首先是尊重其他教师的人格和声誉。乌申斯基在《教师的言和行》中提出：教师的人格，就是教师的一切。班主任应抛弃个人恩怨和相互诋毁的行为。一个教师的声誉直接影响着他在学生中的威信和工作效果的好坏。从一定意义上来说，损坏一个教师的声誉，就等于毁了这个教师的人格乃至教育生命。首先，班主任必须珍惜自己和其他教师的人格和声誉，维护其他教师的人格和声誉，树立其他教师的威信。其次，要尊重其他教师的劳动。贬低其他教师、抬高自己的行为是不道德的，班主任应当尊重其他教师的劳动，只有尊重别人，别人才能尊重自己。最后，班主任应全面树立相互尊重、相互信任的道德风尚。

（二）支持和配合其他教师的工作

班主任应多和任课教师配合，以形成教育的合力，共同对学生进行教育。班主任要努力争取和获得任课教师的支持与配合，要经常和谐地同其他任课教师交流、合作，以共同促进学生的全面发展。不应当把支持和配合其他教师仅看成是对学生进行教育的方法，而应当看成班主任教育学生所必须遵循的行为准则。

（三）依靠教师集体，团结协作，共同进步

教育人的任务是艰巨的，需要依靠教师集体的力量和智慧。班主任应当团结其他教师，相互尊重，相互学习，相互帮助，取长补短，提高教育技能。同时，班主任要服从领导，领导要尊重和信任班主任。这样，从领导到教师，团结协作，才能真正地把学生培养成为德、智、体、美、劳全面发展的人。

四、对待学生家长及其他社会人员的道德

影响学生成长的因素很多，大体可以概括为学校、家庭和社会三个方面。

学校教育在学生发展中起主导作用，但主导作用的发挥程度，还要受到家庭教育、社会教育的影响。如果三者对学生的作用力方向不同，必然导致作用力的内耗，从而影响学校教育主导作用的发挥。而三者作用力的方向越一致，学校教育对学生的主导作用的发挥就越好。班主任应抱着对学生负责的态度，经常联系学生家长和与教育学生有关的社会人员，从而保持家庭教育、学校教育、社会教育的相互配合和相互支持。班主任必须处理好与学生家长及其他与教育学生有关的社会人员的关系，其基本的行为准则包括：

（1）班主任有责任采取书信、访问、家长会等方式，主动与学生家长和有关方面的人员取得联系，了解学生校内外的表现，并商讨一定的教育方式，对学生进行教育。

（2）班主任应虚心接受和听取学生家长和有关方面人员对教育工作的意见和建议。

（3）班主任应避免暗示家长体罚学生，避免向社会传播有损学生人格和声誉的信息。

（4）班主任应“一分为二”地看待学生，立足于发展的观点，向学生家长和社会有关人员提出共同教育学生的要求。

（5）班主任不应利用师生关系，向学生家长或有关方面谋求私利。

（6）班主任应积极帮助或参与社会教育活动。

五、班主任自身的道德修养

班主任应有很高的道德修养，所谓“学高为师、德高为范”。班主任必须具有较深厚的学识修养和较高的思想境界，要有学而不厌、诲人不倦的精神；要做到严谨治学，认真施教；要以身作则，为人师表。这不仅是素质教育、新课程改革对班主任的要求，也是班主任自我发展、自我完善的过程。

（一）严谨治学，认真施教

“严谨治学，认真施教”是班主任职业道德规范的两项基本内容，是班主任职业道德的具体体现，也是班主任履行自身职责的客观要求。只有严谨治学，才能认真施教。形势在不断地发展，社会在不断地进步，教育事业也在不断地向前发展。当前，社会对教育提出了更高的要求，转变教育观念，改革优化教育教学方法已成为教育界人士的共识。班主任应成为先进教育理念的实践者、科学人文精神的传播者、学生健康成长的引导者、诚信敬业爱生的模范者，坚持严谨治学，认真施教，以正确的理论引导学生，以科学的精神武装学生，以高尚的情操塑造学生。自觉加强业务进修，与时俱进，更新观念，学而不厌，精益求精。积极参与教学改革、课程改革和教育科研，强化师知、师智、师能，不断提升教书育人的能力。严谨治学、认真施教是教师在提高业务水平方面应当遵循的原则，是班主任完成教学任务必须具备的基本条件。著名教育家叶圣陶曾经说："教师对自己从事的教学工作抱什么样的态度，对掌握业务知识抱什么样的态度，这都是师德问题。"因此，教师要把严谨治学、认真施教作为加强自身职业道德的重要内容。

（二）以身作则，为人师表

"以身作则，为人师表"是班主任职业道德的一个突出特征。所谓以身作则就是班主任要将自己的言论和行为作为学生的准则或榜样。要求学生做到的，班主任必须做到；要求学生不做的，班主任必须首先不做。为人师表，要求班主任既才能卓著，又品德高尚，既重"言传"，更重"身教"，做到言行一致，表里一致，时时处处努力做学生的表率，当学生的楷模。只有以身作则，才能为人师表。班主任要在政治思想、道德品质、风度仪表等方面，以身作则，为人师表。其中"风度仪表"是指一个人的德、才、体、貌等各种素质在社会交往中的综合表现所形成的独特风貌。它虽不是一个人的主要素质，但具有文明高尚的风度仪表，却是教师职业的特殊需要，更是以教书育人为中心的班主任的需要。

第三节　班主任的知识能力素质

一、班主任的知识素质

合理的知识结构是班主任发挥最佳教育教学效果的重要条件，它在班主任整体的素质结构中居于核心地位。为了促进学生的全面发展，班主任必须具备完善合理的知识结构。班主任合理的知识结构应包括：

（一）基本的政治理论知识

班主任要卓有成效地开展工作，就必须具备基本的政治理论知识。教师是人类灵魂工程师，必须努力提高自己的思想政治素质和业务水平；热爱教育事业，教书育人，为人师表；精心组织教学，积极参加教育改革，不断提高教学质量。班主任要有科学的世界观、人生观、价值观和思维方法，并在教育实践过程中影响学生，使他们树立科学的世界观、人生观、价值观，掌握科学的思维方法，从而成为社会所需要的全面发展的人才。

（二）精深的专业知识

班主任的职责之一是教学。因此，班主任必须具有扎实、系统、精深的专业知识。专业知识是指班主任任教学科的知识。班主任不仅要透彻理解、全面掌握所教学科的基本概念、理论、结构和学科体系，而且要了解它的历史、现状、发展前沿和未来趋势，以及与邻近学科的关系。只有这样，才容易做到从学生的实际出发，深入浅出，不仅能教给学生知识，而且能从多角度、多层次、多方面对学生的观察和思维进行启发，从而有利于学生掌握学科的基本结构，有利于培养学生的思维能力和创新能力。

班主任要掌握精深的专业知识：首先，必须"实"，即全面系统地掌握本专业知识。班主任对自己所教的专业知识要有一个通盘了解，对教材要"吃"

得透，能够把握教材的重点和难点，并能根据教育对象的不同特点，做到因材施教。班主任应在“实”上下功夫，要有扎扎实实的专业知识和实实在在的治学态度。其次，必须“深”。要给学生一碗水，教师必须有一桶水。班主任要教好课程，必须有精深的知识，要广泛汲取与本专业有关的知识。只有这样才能在教学过程中深入浅出地把知识讲透、讲活。最后，在“实”和“深”的基础上，要做到“活”，即灵活地驾驭教材。要灵活地驾驭教材，必须理论结合实际，由具体到抽象，由简单到复杂，做到深入浅出，这样容易激发学生的求知欲，从而有效地促进学生积极主动地去获取知识。

（三）宽厚的科学文化基础知识

班主任要具备宽厚的科学文化基础知识，科学文化知识是指班主任应具有当代科学和人文发展的基本知识。班主任只有掌握了广博的科学文化基础知识，才有可能为学生的发展提供更多的机会，发现有特殊才能的学生，加强和其他科任教师的联系，为学生的全面发展提供更好的指导和帮助。当代的学生，见识多、思维广、求知欲强，需要广博的知识来充实。班主任与学生接触最多，班主任若能有广博的知识，就容易和学生沟通，从而赢得学生的信赖，在学生中树立良好的威信，对学生进行的教育工作也易于开展。

（四）全面的教育科学与心理科学知识

班主任工作的中心是教育人，促进人的发展，因此，班主任要重视各门学科知识的教育价值与育人功能，帮助学生认识自我，树立自信，发展学生的个性。班主任不仅要懂得教什么，而且要懂得怎么教，还应明白为什么这样教，能运用教育理论来指导教育教学实践，从而有效地完成对学生的教育，促进学生的发展。班主任如果缺乏教育科学与心理科学知识，就难以准确地了解学生、把握学生，就难以自由而科学地设计和驾驭教育教学过程，更难以进行教育教学改革与创新。所以，班主任必须熟练掌握心理学、教育学、伦理学、教育社会学、教育管理学、教育经济学、教育法学、学校卫生学等理论知识与实践知识。

班主任只有具备教育科学与心理科学知识，才能科学施教，科学育人。班主任除了必须具备基本的政治理论知识、精深的专业知识、宽厚的科学文化基础知识、全面的教育科学与心理科学知识，还必须具备新的知识结构。

新的知识结构包括：

（1）现代市场经济知识。班主任要懂得市场经济的本质特征和内在要求，懂得市场经济对教育的影响，懂得如何运用正确的方法引导学生正确认识市场经济、正确评价市场行为等。

（2）现代科技知识。班主任要了解和掌握当今科技进步的信息，让学生感受到人类科技的发展、进步的节奏，培养学生勇于创造、探索求真的精神。

（3）较为广博的社会科学知识。班主任要懂得如何引导学生正确认识、评价和实现人生价值，懂得如何选择健康的生活方式，懂得如何感受美、鉴赏美、表现美、创造美等。

二、班主任的能力素质

班主任的能力是对学生进行教育不可缺少的前提条件。光有知识，没有能力，工作只能疲于应付；既有知识，又有能力，班主任工作起来才能得心应手。班主任的能力构成与班主任工作的性质和特点分不开。

（一）了解和研究学生的能力

教育学生首先必须了解学生，了解学生在很大程度上取决于班主任对学生的观察。班主任必须善于从学生日常行为偶然的细微表现中发现学生的个性特点及其本质，也就是说，班主任必须具备敏锐的观察力。观察力是班主任了解全班学生、进行工作决策、发挥教育艺术、提高教育质量的重要因素和先决条件。班主任必须明察秋毫，能够在事物尚未萌芽或处于萌芽状态时预见其发展的趋势，只有这样，才能在教育工作中做到防微杜渐，防患于未然，从而较好地完成对学生的教导工作。

（二）组织管理能力

班主任在班级管理、课堂教学等工作中都需要组织管理能力。班主任的组织管理能力主要包括三个方面：

（1）维持班级正常教学秩序和纪律的能力。班主任面对几十个各具个性特点的学生，既要把课堂组织得井井有条，使学生有秩序地学习，又要使整个课堂生动活泼，学生思维活跃，具有良好的课堂组织管理能力是必不可少的。

（2）组织和培养班集体的能力。包括确定班集体的奋斗目标、选拔培养班干部、培养班集体正确的舆论及形成良好的班风、协调班级人际关系的能力等。

（3）组织学生参加各种集体活动的能力。如组织文娱、体育、科技等活动的能力。

（三）交往协调能力

交往协调能力是班主任不可缺少的重要能力素质之一。它是时代的要求，是班主任出色地完成教书育人任务所必需的。当今社会，信息的迅速传递需要人们有广泛的社会交往，为了使班内外与校内外教育影响的方向、步调趋于一致，班主任要有良好的交往协调能力。班主任的社交能力不是搞庸俗的关系学，而应当是一种良好的心理素养。它要求班主任要善于和社会、学校、家长、学生协同工作，善于调动他们的积极性，调控学生的发展方向。班主任不仅在校内应是教育教学的行家，在校外也应当是出色的宣传工作者和社会活动家。

（四）表达能力

表达能力是班主任运用自己的语言、表情、手势、姿态等影响学生的能力，是班主任的基本能力素质。包括口语表达能力、文字表达能力、运用态势语的能力，其中最重要的是口语表达能力。语言是班主任用以向学生传导影响的重要工具。班主任所使用的语言，一般包括独白语言和对话语言。独白语言具有很大的随意性，它是在大量内部语言的基础上进行的。班主任运用独白语言前，应有一个周密的考虑，遣词造句要准确和科学，能够表达自己的思想和感情。班主任的独白语言要有组织，有较好的连贯性、逻辑性、周密性、论证性、形象性和较强的说服力。班主任的对话语言，往往是在解决学生问题时所运用的语言，它具有很强的针对性。这就要求班主任的对话语言要有启发性，做到生动、敏捷和流利。班主任还要善于把语言表达能力与非语言表达能力结合起来，如表情、手势、姿态等，使之融为一体，并借助于后者，增强语言的感染力，加强信息传导速度和力量。总之，作为班主任，应努力提高自己的表达能力，从而有效地提高教育质量和教学质量。

（五）应变能力

班主任的应变能力是指其在教育教学中，面对各种始料不及的突发事件，能够熟练地把握教育教学规律，机智地变换教育教学方法，灵活而不呆板、巧妙而不生硬地做出处理，并对学生进行因势利导、因材施教的能力。

班主任处理突发事件既需要丰富的教育教学经验，又需要敏捷的思维品质和娴熟的教育技巧；既要对突发事件做出迅速而准确的分析和判断，又要有一定的胆识和决策能力。这些都是班主任应变能力的必要基础。班主任要提高自己的应变能力，应注意以下几点：

1. 当怒不怒的自控能力

突如其来的偶发事件，很可能令人十分恼火，或搞得班主任措手不及，此时，班主任的头脑一定要冷静，要有当怒不怒的自控能力，即要控制住自己的情感，千万不能动怒发火。须知咄咄逼人的震怒、粗声大气的训斥、尖酸刻薄的讽刺、粗暴蛮横的体罚，并不能显示出教育的威力。例如，有一位戴眼镜的班主任，在接班后，第一次走进教室时，发现全班学生情绪紧张地盯着黑板，回头一看，原来黑板上画了一个戴眼镜的头像，旁边还写着“四眼狗”的字样。这位班主任一下子怒火中烧，真想来个“杀鸡给猴看”。可是，他还是冷静了下来，控制住即将爆发的情感，扫视了一下全班学生，回头将黑板擦干净，然后风趣地说：“这幅画画得不错。画画的同学一定是为了考验一下他的班主任，但不应当采取有损于老师人格的做法。”此时，学生们的目光一下子集中到画画的同学的脸上。这个学生红着脸低下了头。班主任见此情景又说："我想画画的同学此时一定已经感到自己错了，不过不要紧，你要将功补过，利用你的画画才能为班级服务。"后来，这个学生真的成了班上的宣传委员，师生间也非常融洽。试想，如果这位班主任大动肝火，给学生来个"下马威"，效果会怎么样呢？起码师生情感会形成难以消除的隔阂，也达不到"长善救失"的目的。

2．迅速而准确的判断力

突发事件出现后，要求班主任迅速选择正确的方法解决问题。这种选择来源于班主任对突发事件的分析和判断。准确的判断是班主任应变能力的基础。尽管突发事件在一定程度上具有偶然性，但总还是有这样或那样的原因。如有些意外伤害事故是由于学生逞能、好胜、爱表现而造成的；班里丢失钱物并不一定是具有不良的偷窃动机，而可能是因为青少年爱开玩笑所致；有些突发事件是由于某种潜伏因素的作用而在一定场合爆发的结果，偶然中蕴含着必然，如师生"顶牛"事件，不少是因为以往师生中发生矛盾而未能很好解决。因此，突发事件发生后，班主任必须在短时间内对事件的原因进行周密的调查分析，做出科学的判断，并预测出不同的处理方法可能产生的后果，从而做出正确的选择。

3．审时度势的变通力

变通是应变能力的最主要特点。班主任面对突发事件，应根据对事件原因和影响学生思想、道德、行为变化发展的各种原因的分析判断，采取相应的、灵活机动的战略战术，以达到因材施教的目的。变通即根据变化了的情况而变通教育目标，变换教育角度和方法。如变指令为参谋、变对立为友善、变贬抑为褒扬、变直截了当为迂回等。在运用语言艺术上，有的班主任采用直话曲说、急话缓说、硬话软说、正话反说、严话宽说等变通方法也十分可取。例如，一个学生上课不注意听讲，在下面画了一张男女拥抱接吻的画。同桌女生抢了过来，然后一一传阅，最后传到教师手中，全班大哗。这件事情令这位教师怒不可遏，但他冷静地、不紧不慢地说："你们看，这位同学低下头了，显然他有点后悔了。我也觉得奇怪，他怎么会做出这样的事来呢？课后我们再帮助他找找原因吧。"这些软中有硬的话，既指出了问题的严重性，又没有刺伤学生的自尊心；既说明了这件事没有完，一定要严肃对待，又为学生进行自我教育指明了方向；既为继续上课排除了障碍，又防止了正面批评容易造成的师生“顶牛”现象。这位老师的教育方法和语言艺术令人钦佩。总之，变通的要诀就是避其锋芒、欲扬先抑、欲进先退、变换角度、以智取胜。在处理突发事件的过程中，离不开激发学生进行自我教育的过程。在启发自我教育时，就应以长善开路，使反面文章正面做，等到创设了“通情”的心理氛围后，再选准时机，借题发挥，使之在宽松的气氛中“达理”，帮助其“救失”。

（六）良好的教学能力

班主任的基本任务之一就是教学。班主任要树立自己的威信，有效地影响学生的发展，必须具备良好的教学能力。班主任要想具备良好的教学能力，应具备以下几方面的能力：

1. 全面掌握并正确处理教材的能力

这是班主任做好教学工作必须具备的一种能力，也是班主任教学能力素质水平高低的重要标志。它主要表现在班主任的理解能力、应用能力和思维能力等方面。有了这种能力，班主任在教学活动中就能透彻地理解教材，分析教材的重点、难点和关键，也能充分调动学生学习的主动性和积极性。

2. 运用信息技术的能力

新课程要求改变传统的教学方式，大力推进信息技术在教学过程中的普遍应用，促进信息技术与学科课程的整合，逐步实现教学内容的呈现方式、学生的学习方式、教师的教学方式和师生互动方式的变革。班主任应充分发挥信息技术的优势，为学生的学习和发展提供丰富多彩的教育环境和有利的学习工具。

3. 汲取新知识的能力

时代的发展要求班主任必须勤于学习、广泛涉猎、不断汲取新知识，使自己不仅有精深的学科知识，更有广阔的文化视野和深厚的文化底蕴。“问渠哪得清如许，为有源头活水来。”班主任只有具备汲取新知识的能力和海纳百川的气度，才能容纳学生各种创新思想的萌芽，才能为学生获得多方面发展提供机会，才能教会学生如何学习。

4. 反思能力

反思是班主任以自己的职业活动为思考对象，对自己在职业中所做出的行为以及由此产生的结果进行审视和分析的过程。班主任的教学反思能力主要包括两个方面：一是自我监控能力，就是对专业的观察、判断、评价、设计的能力；二是教学监控能力，就是对教学活动的内容、对象和过程进行计划、安排、评价、反馈、调节的能力。为了提高教学效果，班主任要重视反思能力的培养。教学反思按教学进程可分为教学前、教学中、教学后三个阶段。在教学前进行反思，能使教学成为一种自觉的实践；在教学中进行反思，能使教学高质高效地进行；在教学后进行反思，能使教学经验理论化。教学反思会促使班主任形成自我反思意识和自我调控能力。因此，班主任要不断提高自己的反思能力。

第四节　班主任的身心素质

班级管理工作责任重大，辛苦繁忙，这就要求班主任必须有良好的身心素质。

一、班主任的身体素质

班主任的身体素质是班主任各项能力发挥的物质基础和前提，班主任必须有良好的身体素质，才能更好地开展工作。班主任作为班级的管理者，身负重任，要进行大量的工作，如果没有健康的体魄，就不会有充足的精力，势必无法搞好工作。良好的身体素质不仅要求班主任有健康的体魄，而且需要班主任具备积极锻炼的自觉意识并能坚持锻炼，不断提高自己的身体健康水平和体能，为进行工作提供最基本的保障。具体来讲，对班主任的身体素质要求是：身体健康、耐受力强、精力旺盛、耳聪目明。

二、班主任的心理素质

研究表明，班级工作的好坏与班主任的心理素质有一定的关系，良好的心理素质有助于班主任教育学生。班主任的心理素质包括积极乐观的情绪、豁达开朗的心胸、坚忍不拔的毅力和健康的个性品质等。一般可把它分为心理意识的倾向性和心理特征。心理意识的倾向性反映了班主任不同于其他人的心理倾向。心理特征则反映了班主任的能力、气质和性格等。

（一）健康的情绪

班主任的情绪对班级工作有重要的影响，好的情绪能感染学生，不好的情绪则对学生有一定的负面影响。因此，班主任应十分重视自己的情绪管理，以使自己具有积极、乐观、平静的良好情绪，给学生以正面的影响。为此，班主任应做到几下几点：

1．班主任应树立高尚、远大的人生理想，培养自己乐观向上的情绪

班主任的情绪很容易感染学生，乐观向上的情绪有助于学生非智力因素的发展，能够树立学生的自信心，对学生智力和个性的发展具有重要的作用；悲观的情绪，则会使学生丧失信心和受教育的勇气。班主任要形成乐观向上的情绪，必须树立高尚远大的人生理想。人生理想是人生观的重要组成部分，它对人的心理起着调节作用。高尚远大的人生理想，有助于班主任形成乐观向上的情绪。

2．保持良好的心境

班主任无论遇到什么样的情况，都要保持自己良好的心境。所谓心境就是一种微弱的、平静的、持续时间较长的情绪状态，班主任要经常保持心情愉快、舒畅。

3．要善于控制自己的情绪

情绪的控制就是要让情绪活动服从理智和意志的调节，不能任其自流。有良好的情感修养的班主任，他们总是对学生充满爱，以工作为乐，并善于从工作中享受胜利的喜悦。否则，不能控制自己的情绪，单凭激情来工作，

则往往会导致教育工作的失败。因此，班主任要学会控制自己的感情，遇事应沉着冷静，再做出决策，这样更有助于做好工作。

（二）坚强的意志

教育学生是一个艰难而又长期的工作，特别是班主任工作。班主任教育的是整个班集体，集体中的每一个学生又各具特点。要把每个学生都培养成合格的人才，必须有坚忍不拔的毅力。毅力是一种有目的的意志行为，它是克服困难所必备的品质，班主任必须坚持锻炼自己的意志。为此，班主任应做到以下几点：

1. 长期不懈、持之以恒

这是毅力的一个重要特征。班主任应做到长期不懈地了解和研究学生，长期不懈地学习和研究教育规律，长期不懈地教育学生。

2. 不怕困难，知难而进

这是毅力的另一特征。它表现了人的勇敢无畏的品质。

3. 坚持意志锻炼，形成良好的意志品质

良好的意志品质有：坚持性、自制性、果断性和目的性等。班主任应当不断地培养自己优良的意志品质，迎难而上，面对挫折决不屈服，面对挑战坚决斗争，要百折不回，朝着既定的教育目标而努力奋斗。

4. 坚持教育学生的一贯性原则

对于学生的教育要始终如一，决不放弃自己教育学生的原则和立场，努力寻求最佳的教育方法，把学生教育好。

（三）宽阔的胸怀

胸怀开阔、宽宏大量的班主任往往更容易消除与学生的隔阂。

在对学生进行教育的过程中，班主任具有豁达宽阔的胸怀，更容易树立团结向上、生机勃勃的班集体形象。因此，班主任必须形成豁达宽阔的胸怀。

为此，班主任应做到以下几点：

1. 树立远大的志向，不断加强自身的道德修养

这不仅是教育学生的前提，也是形成豁达开阔胸怀的重要条件。俗话说：

“心底无私天地宽。”班主任只有不断地加强自身的道德修养，形成纯洁高尚的情操，才能内心无愧、心胸开阔。

2. 与人为善，乐于助人

班主任要善良、公正地对待学生，乐于帮助有困难或学习差的学生。

3. 坚定教育信念，练好基本功

班主任应当确信教育的力量，确信每个学生都有优点，都可以教育好，即使学生有某些缺点和错误，只要对他们做好深入细致的教育工作，也能够将其转变好。班主任要树立坚定的教育信念，同时，学习和研究教育规律，不断改进自己的教育方法，扎扎实实地练好教育学生的各种基本功，才不会对自己丧失信心。

（四）广泛而有益的兴趣

青少年学生活泼好动，班集体中每个学生又各具特点，他们的兴趣、爱好各不相同，因此，班主任必须具有多方面的兴趣和爱好。这样不仅有利于开展班级工作，而且容易接近学生，还可以从各方面引导学生的兴趣和爱好，提高教育的效果。班主任兴趣广泛，可以帮助自己获得更多的信息，得到广博的知识，以提高自身的修养；同时，还可以和学生保持密切的交往，产生共同语言，从而更有利于了解学生，有针对性地帮助、教育学生。

兴趣是可以培养的，某班主任本来不会打球，但为了了解和教育某些后进生，就主动参加他们的体育活动。天长日久，新的兴趣形成了，也为自己的工作创造了条件。总的来说，班主任应深入地研究教育理论和教育对象，掌握教育工作的知识和技巧，主动自觉地培养自己的兴趣，使自己在学生生活的广阔领域里成为活跃人物。当然，人的兴趣也有两种类型，一种是消极有害的，一种是积极有益的，我们要择善而从。

（五）活泼而稳重的性格

性格是指人较稳定的对现实的态度及与此相适应的行为方式，它常常通过态度、意志、情绪、理智表现出来。班主任具有爽朗、活泼、坦率而富于理智的性格，对于青少年的教育是十分有益的。为使自己具有良好的性格，班主任要做到以下几点：

1. 真诚、坦率

班主任要向学生敞开心扉，真心实意地爱护他们、关心他们，不能走形式、做表面文章。这样学生才会信任班主任，愿意和班主任亲近，把心里话说出来。心不诚，则事难成。如果班主任虚假、兜圈子，甚至绕弯子整学生，不仅得不到学生的信任，还会把学生推到自己的对立面，甚至使学生陷入恐惧、绝望的泥坑。班主任只有“言必信，行必果”，才能带出言行一致、表里如一的学生。

2. 热情、活泼

青少年一般说来都好说好动，情感外露，喜欢热情活泼的班主任。这样的班主任具有吸引力、感染力，能使师生心情愉悦，关系和谐。相反，那种抑郁、呆板、孤僻的班主任具有抑制力和伤害性，使师生关系紧张，使学生出现反感、惧怕心理，敬而远之，极不利于学生身心健康的发展，同时也不利于班主任事业的成功。因此，班主任应永葆一颗童心，使自己的心理年龄永远年轻。

3. 沉着、冷静

班主任无论在何种情况下，都要沉着、冷静、理智。无论学生犯了多么明显的错误，多么的无理，也无论学生如何“顶撞”或“冒犯”了自己，作为一个班主任，一个人民教师，始终不能忘记自己的身份，不能忘记自己面对的是一个正在接受教育的学生，不能忘记作为一个班主任所应该承担的职责。应当牢记：班主任任何时候的失态，都意味着丢弃教育原则。以往的教训警示我们，教师简单粗暴、急躁地处理学生的问题，常给以后的教育工作留下隐患，甚至留下终身遗憾。自制、制怒，可算得上是一条戒律，沉着、冷静，应称之为一座警钟。

4. 心地善良

班主任要有一颗慈母之心，时时、处处、事事关心、体贴、爱护学生，与学生为善。特别是当学生遇到困难、挫折和不幸的时候，更应该伸出温暖的手，抚平他们心中的伤痕，鼓励他们战胜难关。

（六）健康的个性品质

班主任不仅要言传，而且要身教。所谓身教，就是用自身的人格魅力来影响学生、教育学生。布鲁纳曾说过："教师不仅是知识的传播者，而且是模范。"

为此，班主任应做到以下几方面：

1．加强道德修养

个性是个体具有的稳定的心理特征的总和。人的道德品质是个性的核心，它构成了一个人的人格。个性品质的好坏与道德修养有极大的关系。加强自身的道德修养，可以使班主任形成优良的个性品质。

2．形成自己的风格

个性就是自身不同于其他人的心理特性。个性是个体心理独特性、独立性、创造性的总和。个性代表了一个人的风格，一个人的个性不明显，很容易被人忽视；一个人个性非常明显，则容易让别人形成一定的印象。班主任在进行教育工作时，应当逐渐形成自己的风格，以鲜明的个性来影响和教育学生，真正地实现既言传又身教的教育效果。

3．形成平衡和谐的心理品质

个性是个体心理的特殊性和稳定性的统一。个体心理的特殊性表现了一个人的风格或特点。在个性心理中，个体的各种心理品质又具有稳定性，表现为各种心理活动的平衡与和谐。优良的、健康的个性使人的心理活动不走极端，能够抵制外来的各种因素的影响。班主任应当不断地调节自己的心理状况，不偏不倚，使自身心理达到平衡与和谐。

第三章　班主任了解和研究学生的策略

教育学生必须了解学生、研究学生。全面正确地了解和研究学生，既是班主任开展工作的前提，也是教育学生的基础。班主任只有掌握了解和研究学生的策略，才能真正把握学生的特点和成长规律，有的放矢地对学生进行教育，才能提高班主任工作的实效性，有效地促进学生的全面发展。

第一节　了解和研究学生的意义

班主任担负着全面教育、培养学生的任务，经常及时、全面地了解学生，研究学生，对于有针对性地对学生进行教育、科学地制定班级计划、有效地开展班级活动、实现学校的教育目标等都具有重要的现实意义。

一、了解和研究学生是班主任开展工作的前提

班主任作为班级的组织者、管理者和教育者，担负着教育学生、管理班级、组织活动、协调关系等职能，工作千头万绪。了解和研究学生，是班主任工作的出发点，是班主任开展工作的前提。能否全面地了解和研究学生，直接关系到班主任工作的成败，影响着班级工作的成效。班主任只有深入了解和研究学生，才能有效地开展班级工作。班主任在制定和实施工作计划的

过程中，需要从学生的实际情况出发，分层次、分阶段地确定目标，让每个学生都找到适合自己的目标并为实现目标而不断努力。教育学生，需要全面了解和研究学生，只有对学生的学习、生活、思想、个性等都了如指掌，才能“对症下药”，使教育富有成效。班集体的建设与形成、班级各项活动的开展以及各种教育力量的协调和整合，都离不开对学生的了解和研究。因此，全面了解和研究学生，是班主任做好工作的前提，也是避免工作中的盲目性、主观性、一般化、简单化的有效途径。

二、了解和研究学生是教育学生的基础

《礼记·学记》中讲：“知其心，然后能救其失也。”苏霍姆林斯基说：“教育——这首先就是人学。不了解孩子——不了解他的智力发展，他的思维、兴趣、爱好、才能、禀赋、倾向，就谈不上教育。”古今中外的教育家都十分明确地提出，要想教育学生，必须首先了解学生。只有做到从总体上、个性上、变化发展上以及可能出现的影响上全面了解学生，对学生的教育培养，才能做到心中有数，从实际出发，从而有针对性地采取各种不同的教育方法，真正做到因材施教、个别施教，也才能既把握住学生“现在”的表现，又发掘出学生潜在的条件和动力，预测“将来”的发展方向，具有明确的目标性。这样的教育，才能取得良好的效果，使每个学生都走向成功。

一个班级中每个学生都有不同的个性心理特征。有聪明的、有较迟钝的，有善于记忆的、有善于思考的，有性情开朗的、有心胸狭窄的，有比较坚强的、有比较脆弱的，有的学生音乐才能出众，有的学生写作能力出色，有的爱好数学，有的爱好绘画……作为班主任，如何去利用他们的个性心理特征以调动学生的积极性、主动性呢？只有一条路：在充分了解和研究学生的基础上，根据学生的不同特征，因材施教。只有这样才能取得良好的教育效果。

三、了解和研究学生是建设班集体的重要条件

班级是学生学习、活动和交往的主要场所，是班主任进行工作的基本单位。一个健全的班集体，具有团结友爱、奋发向上的良好班风，对每个学生

来说，是一种巨大的教育力量，它潜移默化地感染、影响着学生。因此，组织和培养优良的班集体是班主任的中心工作。要组建一个良好的班集体，班主任首先必须全面深入了解班级学生的整体状况和每个学生的基本情况，根据调查研究的实际情况，明确班级工作目标，制定班级工作计划，选拔班团干部，组建班集体核心，开展班级的学习、教育、文体等活动。良好的班集体可以把全班学生团结凝聚在一起，使每个学生在集体中获得全面的发展。

四、了解和研究学生有助于良好师生关系的建立

良好的师生关系是班主任教育学生的基础，只有建立起相互尊重、相互关心的师生关系，班主任工作才具备了良好的情感基础。从一定意义上讲，班主任的工作过程就是在教育、教学、劳动、社会实践等活动中与学生密切交往，是双向情感互动的过程。班主任工作的目标也是在与学生的交往活动中实现的。

第二节　了解和研究学生的内容和原则

一、了解和研究学生的内容

（一）了解和研究班集体的情况

如果班主任接的班是起始班级，了解的内容有以下几项：

（1）学生的总人数、男女生比例和学生的来源。其中包括来自哪种类型的学校（一般学校、区重点、市重点）和哪种类型的家庭（工农家庭、公务员家庭、企业主家庭等）。

（2）学生的思想状况。共青团员人数及所占比例，当过班干部、团干部、少先队干部的人数及所占比例，被评为校级以上三好学生的人数及所占比例，获得过班级和校级各项奖励的人数及所占比例，受过处分的人数及所占比例，

等等。

（3）学生的身心健康情况。具有各种心理障碍（包括存在紧张、焦虑、忧虑、狂躁、恐惧、敌对等心理障碍表现）和身体疾患（包括慢性疾病、眼睛疾病等）的人数和所占的比例。

（4）学生的学习情况。入学考试的成绩，优秀生、中等生和较差生人数及所占比例。

上述情况基本上可以从学籍卡、学生心理档案中了解到。

如果是中途接班，班主任除了要了解上述情况之外，还应了解原班集体的发展情况，其主要内容有：

（1）班委会、共青团、少先队组织的情况。其中包括干部队伍是否健全、素质水平如何、工作是否积极主动、是否具有团结合作精神、存在哪些需要解决的问题等。

（2）班集体和团队组织过哪些活动，对学生素质的可持续发展的作用如何，还需要解决什么问题。

（3）共青团员和干部能否发挥模范带头作用，还存在哪些问题。

（4）学生对班集体目标、班集体规章制度、班风要求的认同情况，以及是否有归属感、荣誉感和责任感。

（5）学生之间的人际关系情况，是否能够互学互助，等等。

了解清楚上述情况以后，班主任还要进一步分析研究班级的优势和劣势，并据此思考如何利用优势，克服劣势，选择班主任工作的策略。有以下两种情况：一是生源比较好的；二是生源比较差的。其优势与劣势也各不相同。班主任要分析研究以下几种情况：

（1）了解男女生比例，分析男女生个性差异，研究如何发挥男女生的不同优势，实现优势互补。

（2）生源好的班级，班里的团员、干部、三好学生的比例较大，说明班里骨干力量多、思想状况好，有利于班团队干部队伍的组建，能尽快形成班集体的领导核心。但是，也容易出现另一个问题，即原来当过班干部的，现在很可能名落孙山；原来经常被评为三好学生的，到了这样的班级，很可能沾不上边。这部分学生可能会产生失落感，如何疏导他们的思想，应该引起班主任的重视。

（3）对生源差的班级也应找出优势和劣势，以便有针对性地开展工作。

（二）了解和研究学生的个体情况

了解学生个体，其目的在于构建和谐的师生关系，实现因材施教，促进学生素质的可持续发展。需要了解的内容有以下三个方面：

1. 学生个人的一般情况

学生个人的一般情况包括以下几项内容：

（1）思想品德情况。对国家大事的兴趣和认识，对劳动、社会活动和班集体工作的热心程度，与人交往的态度（诚实、礼貌、尊重人），在公共场所的文明行为。

（2）学习情况。学生的各科成绩，对哪门学科最感兴趣或感到头痛；有无良好的学习习惯和较科学的学习方法；是否敢于质疑问难，能否独立提出问题、分析问题、解决问题；能否合理安排学习时间，学习实效性怎样。

（3）身心健康情况。身体健康状况如体形、心跳、血压、肺活量、性发育情况等。心理健康状况如有无某种心理障碍，心理承受能力如何，等等。

（4）生活习惯。包括劳动习惯、饮食习惯、卫生习惯、花钱习惯等。

2. 学生的年龄特点和心理特征

学校教育的对象是人，要有效地促进学生身心健康地成长和发展，还必须从学生的身心实际出发，适应他们的身心发展规律。初中生由于其年龄特点，其形态、生理、生化、内分泌以及心理行为发生突变，他们的身体各系统都在发生巨大的变化，尤其是生殖系统，它是全身最后发育的一个系统，在青春期迅速发育而达到成熟。由于这些变化太剧烈、太迅速，容易使学生身心处于一种极不平衡、不稳定的状态，易产生短暂的问题。中学生跨越两个年龄阶段，一个是少年期，一个青年初期。这两个年龄阶段的学生，其心理状况正好处于一个矛盾较为集中和不稳定的时期，也是给学生带来心理问题障碍较多的时期。因此，作为班主任，必须深入地研究所任班级学生的年龄特征和心理状况。班主任还必须研究学生的生理特点，所采取的各种活动应该符合学生的生理卫生要求，应结合学生的年龄特征去指导学生的各种活动，及时纠正学生的不良行为习惯。

中学生由于身体突飞猛进的发展变化，相应地，他们的心理也经历了巨大的变化。几乎是在短短的几年里，少年突然发现自己变成大人了，成人意识出现了。这种心理状况质的变化可以简单地概括为：他们似乎处于一种混乱的状况，具有很大的不稳定性，处在多种矛盾之中。主要的矛盾有：第一，独立性和依赖性的矛盾；第二，社交的需要和社交能力不高的矛盾；第三，活动范围的增大和认识水平不适应的矛盾；第四，对未来的向往和现实状况的矛盾。班主任要不断学习教育科学的理论知识，认真研究学生的生理和心理特征及发展变化。特别是要加强对学生进行生理卫生和心理卫生的指导教育，这也是班主任不容忽视的工作。

3. 学生的个性心理特征

这是一个比较复杂又非常重要的内容，是班主任能否履行好班主任职责的最关键的一环。个性是一个人经常表现出来的、比较稳定的、带有一定倾向性的、本质的心理特征的总和。其中包括：倾向性的心理特征，如兴趣、需要、动机、理想、信念、世界观；差异性特征，如性格、气质和能力；意识性特征，如自我调节、自我控制和自我完善；等等。

总之，了解班集体就是要得到全班学生的一般情况，学生德、智、体、美、劳发展的全貌及班风与传统等。了解学生个人的情况，主要包括个人的兴趣、爱好、学业、品德等，德、智、体、美、劳全面素质的发展，以及在家庭中的地位与社会交往情况。作为班主任，既要了解每一个学生的特点，又要了解班集体的情况。一般来说，了解学生个人是了解学生集体的基础，而了解集体有利于更深入地了解学生个人，两者互相联系、缺一不可。

二、了解和研究学生的原则

（一）全面性原则

了解学生必须力求全面，只有全面了解学生才能对学生的发展水平做出准确的判断，才能在制定班主任工作计划、选择教育方法时有正确的依据，才能真正做到因材施教。

全面了解学生，要注意以下几个方面：

1. 对象的全面性

了解的对象必须是全班所有学生。不但要了解学生中的骨干和积极分子，也要了解一般学生和后进生；不但要了解各方面表现好或比较好的学生，也要了解某方面表现较差的学生。总之，要对各种类型的学生进行全面的了解，并做到实事求是，不偏听偏信。

2. 内容的全面性

全面性还包括学生情况的各方面，即根据教育目标和班主任的期望，对学生德、智、体、美、劳及心理都进行认真、仔细和全面的了解。只有全面，才能防止以偏概全，才能防止一种现象掩盖另一种现象，才能使班主任的教育引导做到有的放矢，促进学生素质的可持续发展。

3. 影响源的全面性

学生的成长与其所处的环境有直接关系，对此必须做全面的了解。如学生家庭环境情况，父母受教育情况及其对学生教育的态度、家庭教育的类型（民主性、溺爱型、专制型……）、家庭的经济状况，以及学生家庭所处的社区环境的状况。全面了解和研究这些情况，有利于班主任利用家庭和社区的积极因素，克服消极因素；有利于有针对性地指导家庭教育；有利于对不同家庭的学生进行相应的帮助。

4. 学段的全面性

学生的全面发展是持续的，不仅要了解学生过去的表现，更要了解他们近期的表现。只有这样，才能做好衔接，以发展的眼光对学生进行教育。

（二）及时性原则

班主任在接手班级工作的时候，必须尽快了解和研究班级和学生的基本情况，进行及时的分析，尽早提出班级工作的计划和设想。无论对于一个班集体，还是个体的学生，处于不同的发展阶段，或者出现了一些问题时，班主任都要尽快了解和掌握情况，尽快发现问题的苗头，达到防微杜渐。

（三）经常性原则

了解学生是贯穿班主任工作始终的一项重要工作。坚持经常性原则，有以下原因：首先，学生的发展是动态的，他们各方面的情况都在随着年龄而发生变化，生理和心理的变化会引起兴趣、需要、动机、理想、信仰等一系列变化。不经常对这些变化进行了解，就会丧失工作的针对性和科学性。其次，社会环境也在随时变化着，不经常对这些情况进行了解和研究，就很难做出及时正确的应对和妥善的安排，就可能使班主任工作陷入被动。经常性地了解学生，能使班主任形成发展的观点，更加客观、科学地分析学生，始终保持清醒的头脑。

（四）公正性原则

班主任在工作中对任何学生和事情应当公允、平等、正直，要一视同仁、公平合理，不能因感情因素而倾斜、抱成见、拉关系，特别是面对优秀生和后进生时，应尤其注意细枝末节，这样才能教育好学生，受到学生的拥护。一般来讲，学生在学校普遍存在着希望受到关注、希望获得尊重、希望取得成功等心理需求。班主任应该意识到学生这种心理需求的迫切性，并给予充分的理解和支持，公正地对待所有学生就显得尤其重要。不管是成绩好的，还是成绩差的；不管是守纪律的，还是经常调皮捣蛋的：不管是招人喜欢的，还是不那么招人喜欢的；不管是做事认真仔细的，还是马马虎虎的……都必须公正地对待，要有同样的笑脸。班主任还要善于发现学生的优点，特别是一些表现相对较差的学生的优点，应给予及时的表扬和肯定。只有这样，班主任才能走进学生的心里，才能真正了解学生的所思所想，才能真正把握学生的真实自我。

（五）真实性原则

真实的信息才是针对性教育的起点，真实的信息才是因材施教的基础。

为获取真实的信息，班主任要树立民主的思想，并努力做到：一要尊重学生的意愿。了解学生要从他们的心理特点出发，尊重他们的真实意愿，深信这种第一意愿是最真实的。必须认真听，让他们把话说完。真正的智者，应当首先肯定学生说真话是诚实的表现，然后再去研究教育的对策，否则就会弄巧成拙，甚至事与愿违。二要接纳学生的不同意见。真实的德育应以人为本，班主任应以开明的态度、多元的德育观念，允许不同的价值观并存，并提供足够的自由表达与争论的机会，使学生真实地袒露自己，自由地伸张个性。不能压制不同意见，否则会使学生用班主任喜欢听的话来迎合班主任，说真话的会越来越少。三要做学生真诚的朋友。做学生的朋友，可以使学生向老师敞开心扉，把真实的想法向老师倾诉，从而避免说假话的现象。既然是朋友，就应当以民主平等的态度与学生交流，尊重学生意见，尊重学生人格。四要善于倾听学生的心声。教师要善于倾听学生的心声，不要急于用成人的道德判断去评价学生，否则会犯“以小人之心，度君子之腹”的错误。班主任要善于倾听，学生才有表达自己想法的勇气。倾听是理解、是尊重、是接纳、是期盼，倾听就是爱。

（六）宽容性原则

班主任的工作是育人的工作，涉及学生细致微妙的内心世界。鉴于学生的年龄特征和认知特点，班主任应站在学生角度设身处地地去思考问题，给学生应有的宽容，这样才能有针对性地做好学生的教育工作。苏霍姆林斯基也曾经说过：“有时宽容引起的道德震动比惩罚更强烈。”可见，宽容有着神奇的教育效果。当然，宽容学生绝不是宽纵放任学生，它是以严格要求为前提的，该严的则严，该松的则松，做到严而有度，宽而有节。遵循宽容性原则，要注意以下几个方面：

一要在时间上宽限。对学生的错误，班主任应做到：上课出现的问题，要尽可能放在课后处理；公众场合发生的问题，要尽可能在个别场合解决。这样既避免了学生的自尊心受到伤害，又给了学生一定的时间进行思想斗争，最后达到自我纠正的目的。

二要在态度上宽宏。有的学生犯了错误，一时执迷不悟，态度不端正，甚至出言顶撞班主任，这时候班主任绝不能火冒三丈。即使有的学生所犯的错误出乎班主任的意料，并伤害了班主任的自尊心，班主任也必须控制好自己的情绪，冷静地加以处理，千万不要挖苦、中伤学生。

三要在认识上宽容。有的学生在班主任强调某个问题之后“闯红灯”，有的学生恰恰在最不应该出问题的时候“闯了祸”。这时，班主任不要认为学生是故意的，从而不予原谅，而应静下心来具体问题具体分析，做到思想认识上的宽容，这样才能收到良好的教育效果。

四要在条件上宽让。要允许犯错误的学生讲“条件”，给学生留有改正缺点的余地。如班主任准备请家长来校，学生会请求班主任在班里解决，这时班主任不妨“妥协”一下，只要学生真诚地决心改正，就应给予适当的宽容和让步。

五要在处理上宽待。学生犯错误，班主任要让学生对自己所犯错误的严重性和危害性有足够的认识。但班主任在处理时，要注意区别对待。如果是初犯或当时有特殊情况等，就应宽容对待。有人说“宽容是金”。班主任的宽容能使学生与班主任之间建立起一种互相信任的情感关系，学生才肯敞开心扉跟班主任交流、沟通，班主任也才能更全面深入地去了解学生。

第三节　了解和研究学生的方法

班主任对学生的管理、教育是否得法，是否符合学生身心发展的特点，不仅取决于班主任的教育观念，还取决于班主任是否选用了合适的方法去研究和了解学生。

一、了解学生的方法

（一）观察法

观察法是研究者通过感官或借助一定的仪器，在一定时间内有目的、有计划地考察和描述客观对象（如学生的各种行为表现、心理状态等），并收集研究资料的一种方法。例如，在教育教学活动过程中，班主任可以通过详细观察和记录学生在学习、游戏、劳动等活动，或在考试、比赛、日常生活、课外活动等各种情况下的表观，了解学生的各种心理特点和行为。观察法是了解和研究学生的基本方法。中外教育史上有许多教育家善于观察自己的教育对象，并把观察的结果记录下来，成为教育科学研究的第一手资料。苏联大教育家苏霍姆林斯基一生有许多著作，其中的大部分资料是靠长期的观察而得来的。他为了研究道德教育问题，仔细观察和研究“差生”和“调皮学生”的心理状态及行为表现，他曾先后为 3700 名左右的学生做了观察记录，能够“指名道姓”地说出 25 年中教育 178 名“最难教育”的学生的曲折道路。我国南京大学著名的儿童心理学家陈鹤琴教授，用日记的方式，从他的第一个孩子出生之时起，就逐日对其身心变化和各种刺激反应进行周密的研究，并做出详细的文字记载与摄影，连续追踪观察 808 天，积累了大量的研究材料，于 1925 年出版了《儿童心理之研究》一书。因此，观察法是了解和研究学生的一种最基本、最普遍的方法，也是班主任工作的常用方法之一。

观察法在班主任工作中具有重要的作用：第一，观察法是搜集人的各种心理活动及其发展变化规律的各种科学事实和研究材料的基本途径。由它得来的大量丰富的各种材料，是班主任工作的基础，是班主任采取各种措施的起点。第二，观察法是检验班主任工作方法和效果的重要工具。班主任只有深入学生的学习、劳动、课外活动和课余生活中，才能全面而真实地观察学生的各种表现，才能在此基础上选择教育的方式和方法。教育学生的效果需要检验，只有进一步细致观察学生的反映，才能及时调整自己的工作方法。班主任运用观察法时，要把握以下几点：

1. 通过教学活动对学生进行观察

这是对学生进行观察的重要渠道。班主任可以通过自己所任课程的教学，观察学生的学习兴趣、学习主动性、学习能力水平、遵守纪律状况、与同学的关系等。

2. 通过组织开展各种类型的班集体活动对学生进行观察

在开学之初组建新的班集体时，可以通过学生的自我介绍，对学生的爱好、特长、能力及过去的个人经历等有基本的了解。通过组织班集体的校园劳动，观察学生的劳动态度、劳动技能、组织能力以及与同学的合作态度等。通过班集体的各类活动，如时事讲评、主题辩论、文娱体育活动和社会实践等，进一步了解和研究学生的道德品行、兴趣特长、技巧能力等，有利于全面了解和把握学生的情况。

3. 在日常的学习生活和工作实践中对学生进行观察

在日常的学习生活中，个人的自由度要大些，学生的个性会比较张扬，班主任要在与学生的共同活动中，与学生打成一片，在互相频繁交流的过程中，观察学生的行为举止，透视学生的心理变化。这种在常态下的观察，一般能够获得对学生比较真实的、内在的了解和把握。观察后，班主任要做好观察记录，以利于对观察的积累材料进行综合研究分析。

（二）谈话法

谈话法是班主任通过与学生进行口头交谈的方式来收集学生心理特征和行为数据的方法。观察法主要是用眼睛看，而采用谈话法时则主要是用口问、用耳听。谈话法和观察法一样，是考察、搜集学生心理与行为数据资料的常用方法。在班主任工作中，这两种方法往往是结合使用、互相补充的。

班主任与学生谈话的方式主要有以下几种：第一，个别谈话。这种谈话是班主任与学生一对一的谈话。谈话的内容不宜在公开场合公布，或者必须通过个别谈话才能了解情况时，一般采用个别谈话。第二，小范围谈话。如需要了解某一问题的来龙去脉，或者需要了解和征求相关的意见和建议，一般采用小范围谈话或者座谈会形式。如班级发生了某一纠纷事件，班主任需要同时找一些了解事实真相的学生进行谈话，以了解真相，处理解决。如班主任需要征求学生对班级工作的意见等，可采用让一些具有代表性的学生参加座谈会的形式。第三，书面谈话，即采用书面形式与学生进行谈话。如寒暑假中，与学生采用通信的方式（包括电子邮件）联系，或者班主任感到某些问题与学生当面直说不是很方便时，也可以采用书面留条、通信的方式交谈。第四，家访谈话。通过家访谈话，了解学生的家庭情况、学生在家的表现等。这种谈话，最好是学生、家长、教师共同参与。第五，电话谈话。电话不失为一种快速的、现代化的谈话手段。用电话与学生或者家长谈话，一般以安排在晚上或双休日为宜。电话谈话要事先准备好谈话要点，语言要简洁、明了，时间要短。

为了使谈话产生神奇的教育功效，班主任必须掌握谈话方法和技巧。为此，在谈话过程中要注意以下几个方面：

1. 做好准备

做准备时，班主任要注意：第一，全面了解学生，使谈话具有指向性。班主任跟学生谈话决不可毫无目的地信口开河，而应以对学生的深透了解为基础。班主任了解学生，就要了解学生的现实表现、思想状况和存在的问题，要了解学生的性格、气质、爱好、特长、情绪和态度，只有这样才能做到“因人施言”。第二，要了解周围环境条件、任课教师、同班同学等客观因素对谈话内容、时间、场合与方式的影响，并及时做出调控，即要善于创设良好的谈话情境氛围。第三，要预测自己的观点、认识、感情、方法等因素可能产生的影响，并精心设计方案，确定主题，安排内容并做好应变的充分准备。

2. 把握谈话的时机

在新学期开学之初，学生有新目标、新打算，希望班主任能够给予指导性的帮助。这时，班主任主动找学生谈话能够取得较好的效果。在学习、思想及其他方面取得成绩和进步时，学生希望得到班主任的肯定和鼓励。这时，班主任主动找学生谈话，双方的心情都比较愉悦，比较放松，谈话能够取得良好的效果。在学习、工作、生活中遇到困难、挫折和不顺时，学生希望得到班主任的理解和帮助，这也是谈话的好时机。特别是学生遇到比较大的问题后，班主任更要把握好时机。有的需要一出问题及时地谈；有的则需要在问题发生后，让学生想一想，再理性地谈话，效果更好。

3. 选择谈话的场合

在找学生谈话时，不少班主任喜欢把谈话地点放在办公室。事实上，从学生的内心感受出发，办公室并不是谈话的最佳地点，这是因为：第一，老师的办公室会给学生一种威慑力、压抑感，使得学生不能轻松自如地、真实地表达自己的想法；第二，在办公室里往往还有其他老师，这会使学生在谈话时心理上放不开，从而影响学生真实思想的流露，影响学生与老师的感情交流；第三，到老师办公室去，往往会被同学误认为是“犯错误了”，或者是“打小报告”等，无形中降低了学生在同伴中的威望，给学生造成一种心理压力或心理逆反。因此，班主任与学生的谈话，要根据谈话的内容和要求，认真考虑和选择谈话的合适地点。有的谈话应该选择在僻静处与学生单独谈；有的可以利用课余时间，在公共场合与学生漫谈；有的要使学生感到问题的严重性，应找一个安静且严肃的地点谈话。班主任要尽可能地创造条件，使学生能够畅所欲言，从而提高谈话的效率。

4．要根据谈话对象的不同特点选择不同的谈话方式

与自尊心和逆反心理比较强的学生谈话，宜选择商讨式的谈话方式。班主任要以平等、尊重和亲切的态度，采用与学生商讨问题的方式进行谈话，也要允许和鼓励学生进行辩解，这样有利于问题的澄清和解决。商讨式的谈话有利于师生之间消除成见，排除双方传递信息的障碍，为深入的谈话创造条件。与善于独立思考、自我意识强，同时又心理敏感、疑虑性比较强的学生谈话，宜选择点拨式的谈话方式。这种学生自我意识强，独立感受能力强，用暗示手段或者借他人之事，或用成语、谚语等简明的语言方式进行谈话，能够取得较好的效果。与自我防范性比较强的学生谈话，宜采用突击式的谈话方式。这类学生犯了错误一般不肯轻易认错，事后会矢口否认，或把错误转嫁他人，班主任要充分利用刚发生的冲突性事件，进行突击性的谈话，能够起到冲破其心理防线的作用，获得较好的谈话成效。与性格比较内向、孤僻且自卑的学生谈话，宜采用渐进式的谈话方式。与这类学生谈话，班主任若过于直截了当，语言冲击力比较强，学生往往会沉默不语。因此，谈话要缓缓推进，选择有共同语言的话题，分步进行，渐渐地将谈话引入主题。与依赖性和惰性比较强的学生谈话，宜采用触动式的谈话方式。这类学生惰性比较强，自我独立思考的能力比较弱。班主任和其谈话时，可以采用态度严肃的谈话方式，有利于使其产生思想上的震动。此外，班主任还要根据谈话

学生的不同发展阶段和发展水平，选择不同的谈话内容和谈话方式。一般来说，与年龄小的低年级学生的谈话，宜采用形象、具体、生动的语言；与年龄大一些的高年级学生的谈话，宜采用理性分析的谈话方式。班主任与学生谈话时，要针对谈话对象的不同发展水平，选择不同的谈话内容，谈话所采取的方式也要有所不同。对于学生干部和素质比较高的学生，谈话内容主要是关心他们的全面进步与发展，谈话可以采用开门见山、研讨的方式；对于有较大缺点的后进学生，谈话的主要内容是关心他们前进中的困难和分析后进的原因，发现和揭示他们尚未开发的潜能，可以共同分析和研究克服困难、走出困境的途径。谈话对象的心态，直接影响到谈话的效果。一个班级有几十名学生，人人有思想，人人有个性，如不了解他们的特点，谈话就很难收到良好的效果。

5. 态度要诚恳，感情要真挚

班主任在使用谈话法时，与学生谈话的态度要亲切、和蔼、真诚。如果学生感到老师找自己谈话是为了训斥自己，那么，对老师的谈话可能产生抵制心理，往往谈话效果不佳。班主任应注意和学生建立良好的师生关系。

（三）调查法

为了深入了解学生情况或弄清有关学生教育的某个问题，常常需要运用调查法。从调查的种类看，有一般情况的调查和专门问题的调查两种；从调查对象看，可以向班干部、任课教师、学生家长调查，也可以向学生的朋友、街道干部、邻里群众调查；从调查方式看，有个别访问、开座谈会、书面问卷等方式；从调查途径看，有直接调查、间接调查等。无论采取何种方式，都应把工作做细，解除被调查者的思想顾虑，力争调查的材料能如实反映客观实际。

班主任要对调查的材料及时加以记载、整理，以便综合研究分析学生情况时运用，这些宝贵材料也是班主任总结工作经验、进行教育科学研究的素材。调查的对象包括学生、学生家长、亲友、任课教师、过去的同学、原班主任等，范围十分广泛。

班主任运用调查法时应经常进行“四访”：访问家长（包括亲友、邻里）、访问任课教师、访问本班同学或以前同学、访问原来的教师。在接收一个新班时，要提前对学生进行普遍的调查访问。

1. 家庭访问

家庭访问是了解学生的一种常用的方法。初中生同家长接触的时间多，家长的思想、意识、文化修养，甚至性格、习惯，对学生的成长都有极大的影响。要充分认识到家庭访问对教育学生的重要性。对学生的教育，只有在班主任与家长的意见取得一致、相互配合的情况下，才能收到良好的效果。

家庭访问的内容是很广泛的：要了解家庭的成员、经济状况、家长对孩子的教育态度、方法，学生的生活习惯和在家里的表现，等等。家庭访问的重点应放在了解情况以及和家长研究教育学生的方法、途径上。

为了达到预期的目的，在家访前要做好充分的准备。要根据学生特点、家庭的经济状况、家长的教养等不同情况，确定家访的内容和所采取的方式。如有的学生家庭经济状况好，在家有舒适的学习条件，有较好的娱乐条件，这时应着重了解家长对孩子是否能严格要求。有的学生家庭经济状况较差，这时应了解他们是否有必要的学习条件，是否有困难，应设法帮助其创造条件，搞好学习。对一时表现差的学生进行家访，要向家长如实地反映情况，要充分肯定学生的成绩，不能简单地“告状”，以免引起家长和学生的反感。作为了解情况的家庭访问，重点应放在请家长谈孩子在家的表现，尤其不能因学生有缺点、错误而责备家长。对优秀学生，要注意了解他们在家中表现出来的弱点。家庭访问的材料，要妥善保存，可绘制成家长工作记录表，作为研究教育学生的依据。在家庭访问的同时，还要走访学生家庭所在地的街道或村镇的干部、群众，向他们做一些专题调查，或对学生校外的表现做一般的了解，以便全面考查学生，有的放矢地教育学生。

2. 访问任课教师

学生与任课教师接触很多，学生学习的积极性、学习的方法、对待成功与失败的态度中反映出来的意志力、与同学共同学习讨论中反映出来的精神境界等，科任教师都会有所了解。有的学生在班主任面前的表现与在任课教师面前的表现有所不同。这都说明访问任课教师对了解研究学生是重要的和必要的。

3. 在学生中间了解学生

在学生中间了解学生，能及时地、较为准确地反映学生情况。在做这类调查时，要注意以下几点：第一，教育学生反映情况时一定要实事求是，不能有偏见；第二，教育学生对同学一定要用与人为善的态度，多看别人的优点、长处；第三，对学生反映的情况要进行核实、分析，要多方面听取情况，不能就只言片语做结论，还要正确巧妙地运用学生反映的情况，不要影响学生间的团结；第四，要保护反映情况的同学。向班主任反映情况的同学，往往会受到不正确、不公平的冷嘲热讽，班主任必须义正辞严地向学生说明真相，坚定不移地保护这些学生，以发挥他们的积极性，达到激浊扬清、明辨是非的目的。

（四）资料分析法

资料分析法是指通过对有关学生的书面材料进行分析来了解学生的方法。

有关学生的书面材料记载着学生各方面的情况，分析这些资料可以全面地把握学生德、智、体、美、劳和家庭、社会交往等方面的情况，了解学生每一个方面的历史、现状和发展变化的情况与趋势。这些情况既是班主任有的放矢地教育学生的依据，又是与家长联系交流教育信息的重要内容，还可以让学生了解自己，以明确自己努力的方向。

有关学生的资料很多，大致可分为三类：一是学生档案资料，包括学籍册、历年的学业成绩、操行评定、心理档案、体格检查表、有关奖励和惩罚记载、入团申请书等；二是班级记录资料，包括班级日志、班会和团队会议记录、班团活动的计划和总结等；三是学生个人写的资料，如日记、作文、各科作业、学习笔记、各种答卷、墙报资料等。

班主任运用资料分析法时，要把握以下基本要求：

1. 要以全面的观点来分析有关资料

书面资料记录的有关情况是局部的、有限的，不可能完全反映学生的全貌。同时，由于受主客观条件的影响，资料具有他人经验、思想、观点的烙印，所反映的情况并不一定完全准确，甚至会有片面性。班主任分析运用资料时，要有全面的观点，切忌以偏概全。要充分重视对这些资料的分析和研究，但又不能拘泥于这些资料；要着眼于现实条件，对学生具体表现的全面情况进行了解和把握。班主任要随时注重现实资料的收集、积累和分析。班主任可以通过学生的日记、周记、作文来了解学生的内心世界，从中获得不少平时无法发现的信息，以了解和掌握学生和集体的全面情况。

2. 要以发展的观点分析有关资料

资料记录的主要是学生和班集体的历史状况，是对学生个体和班集体过去状况的反映。它是班主任了解和研究学生及班级状况的基础。但是必须认识到学生和班集体是在不断发展变化的，不能把资料所反映的情况作为认识把握学生和班集体状况的唯一依据；班主任更不能受资料中鉴定和评价的影响，以“定向思维”和“先入为主”的思维定式来看待和评价学生及班集体；对犯过错误的学生，班主任更不能用“老眼光”看他们，而要以发展的观点来看待他们。

3. 要善于借助其他的方法，使资料分析法发挥更好的作用

借助书面的、有记载的资料作为了解、研究、分析学生的重要依据，这是资料分析法的长处，但它没有观察法获得的信息来得细致和直接，也没有谈话法获得的信息来得及时和全面，更没有调查法获得的信息资料来得深入。因此，资料分析法要与观察法、谈话法、调查法以及其他方法结合起来运用，这样才能把对学生的历史了解和现时了解结合起来，把静态的了解和动态的了解结合起来，使班主任对学生和班集体情况的了解和把握更加细致、更加深刻、更加全面，有利于增强班主任工作的针对性和实效性。

二、分析和研究学生应注意的问题

在教育教学过程中，学生是教育的对象，又是教育的客体，但学生不仅是被动地接受教育，同时他们还发挥着教育主体的作用。也就是说，学生既是教育的客体，同时又是教育的主体，是教育客体和教育主体的辩证统一体。

作为教师，特别是班主任，在了解、研究和教育学生时，必须树立正确的教育观点，正确分析和研究学生，才能达到教育的目的。

（一）树立正确的观点

1. 教育的观点

教育是培养人的社会活动，这是教育的本质。学校教育的对象是学生，他们在教育过程中既是教育的客体，又是学习的主体。作为班主任，首先要认识到学生是人，是有血有肉、有思想感情的人，是可以教育的人，这一点是十分重要的。在教育过程中，班主任不仅要把学生作为认知的对象，而且彼此间必然还要有思想感情的交流，需要建立心理上的联系。这种师生间的心理联系是双向的。学生在学校接受老师的教育的过程中，体验到人生的价值和喜怒哀乐。学生有自己独立的人格，有自己的需要、愿望。学生作为教育对象，他们是具有主观能动性的、活生生的人，学生始终是教育过程的主动参加者，在任何时候，他们对客观世界都是能动的。教师，特别是班主任，不可能将自己的知识、观点移植给学生。学生对班主任的教育影响，总是根据自己已有的认知结构去选择和接受。因此，作为教师，特别是班主任，应对学生有一个正确的教育观念，要深入分析学生的各种行为产生的原因，选择恰当的方式去教育，而且要相信通过教师的耐心帮助，一定会达到教育之目的。

2. 全面的观点

教育的目的是培养德、智、体、美、劳全面发展的，具有独立个性的社会主义现代化建设者。教育工作者要想方设法把学生培养成德、智、体、美、劳全面发展的人，完成党的教育任务。这里所说的“全面发展”不是主张学生门门功课百分，平均发展。我们所说的“全面发展”是指学生基本素质的发展、心理素质的提高。学生可以而且应当在基本素质全面发展的基础上保持并发展自己的兴趣、特长和个性，决不能用同一标准来要求和培养所有的学生。目前，学校片面追求升学率的现象依然存在，要求学生考高分数，只重视知识的传授，忽视能力的培养，甚至有的学校和老师为了争名次，只抓少数尖子生，而忽视或放弃对大多数学生的培养，这些都是在极其错误的观点指导下所形成的。

班主任是使学生全面发展的组织者、领导者和教育者，是学生健康成长的引路人。同时，班主任也是联系班级任课教师和学生的纽带，是沟通学校与学生家庭以及社会教育力量的桥梁。班主任在对学生进行全面教育的过程中担负着重要的职责。班主任首先要有一个正确的、全面发展的教育观念和指导思想，不能只抓班级的教学，抓分数的高低，而忽视其他方面的活动，要认识到学生的各种活动对学生各方面的积极作用。只有对学生进行全面教育，才能真正从应试教育走向素质教育。

3. 发展的观点

学生的身心特点与成年人不同，学生正处在不断成长发育的过程之中，具有极大的发展潜在可能性，处在发展的黄金时代。

学生的发展，除了先天遗传因素外，往往与外界的环境、教育条件以及他们参与活动的态度密切相关，无论是生理方面和心理方面，都在活动过程中，特别是在学习活动中，通过环境、教育的交互作用逐步趋向成熟。这种成熟，时而发展迅速，时而发展缓慢，呈波浪式前进。

作为教育者，不能以成年人的标准去要求学生，也不能用教育成年人的方法去教育他们，更不能用凝固的观点去衡量他们，或是听任他们自由发展。应该针对学生身心发展不同阶段的特点，加以引导。在分析和研究学生时，特别要注意用发展的观点去看待学生，既要看到学生的过去，又要看到学生的现在，还要看到学生的发展变化。决不能主观片面，更不能把学生看成一成不变的。昨天落后不等于今天一定落后；今天有的缺点和毛病，不等于明天还存在。要充分看到在老师，特别是在班主任的教育下，绝大多数学生是可以教育的、会转变的、能进步的。如果教师把学生看“死”了，那么我们的教育工作就难以取得效果，甚至会得出错误的结论。

（二）正确评估学生的思想状况

在分析和研究学生的同时，我们还要对学生的思想品德进行正确的评估。

德育工作实际上处于教育的主导地位，并始终贯穿于教育过程中。学生思想品德如何，不仅要看学生对道德、思想、政治的理解，而且要看他们的行为。班主任主要应从以下几个方面去评估学生的思想状况：

（1）学习的目的性。看学生是否为了祖国富强、人民富裕、民族振兴而努力学习，勤奋劳动。

（2）学生的世界观。看学生是否树立了辩证唯物主义的观点，是否能正确认识世界。

（3）学生的道德品质。看学生是否具有良好的道德品质，是否爱科学、爱劳动、爱护公共财物、有礼貌、团结同学、助人为乐、尊敬师长、遵纪守法和有良好的文明习惯。

班主任要全面地衡量一个学生的思想状况，不可用一事一时去下定论。

第四章　初中班主任工作的基本任务

第一节　思想品德教育

对学生进行思想品德教育是初中班主任的重要任务，其基本要求就是把学生培养成一个品德高尚的人。这一任务可以分解成五个方面的教育内容。

一、价值观教育

价值观是指人们关于基本价值的立场、取向、态度等。对于初中生而言，价值观实质上是一种内心的尺度，支配着初中生的行为、态度、信念、理解等，支配着初中生认识世界、明白事物对自己的意义和自我了解、自我定向、自我设计等，也为初中生实践正当的行为提供充足的理由或方法论。初中班主任首先应该帮助学生建立一个正确的、理性的价值观系统，以指导初中生的健康发展。

初中生价值观系统的建构主要包括：社会价值观的建构，培养初中生对集体和他人的正确认识和科学态度；政治价值观的建构，培养初中生对权力和地位的正确认识和科学态度；理性价值观的建构，培养初中生对知识和真理的正确认识和科学态度；审美价值观的建构，培养初中生对色彩和形体的正确认识和科学态度；经济价值观的建构，培养初中生对效率和收益的正确认识和科学态度。

二、爱国主义教育

爱国主义不仅是一种感情，还是一种思想或精神。爱国主义是指热爱自己的祖国，为祖国的繁荣、富强、独立而献身的精神。

对初中生的爱国主义教育，主要包括：民族自豪感的培养，就是培养初中生为自己伟大的民族而感到光荣和自豪的感情；民族自信心的培养，就是培养初中生充分相信自己民族必然越来越强盛的信念；国家独立和主权完整意识的培养，就是培养初中生在外敌入侵的时候，奋起保卫祖国的精神；民族团结和统一意识的培养，就是培养初中生维护民族团结和祖国统一的精神；国家进步和富强意识的培养，就是培养初中生为了祖国的繁荣富强，创造物质财富和精神财富。

三、集体主义教育

集体主义就是主张个人从属于社会，个人利益应当服从集体、民族、阶级和国家利益的一种精神。对于初中生而言，集体主义教育就是要使初中生的言论和行动在获得自身利益的前提下，还要符合班级群体的利益，由此而延伸，让初中生意识到自己利益的取得还要符合广大人民群众的集体利益。

对于初中生而言，集体主义教育的内容包括：培养初中生把集体利益放在首位，主动为集体尽义务，努力做到个人服从集体，小局服从大局，局部服从整体；在保证集体利益的前提下，把国家利益、集体利益和个人利益有机结合起来，保证个人才能的充分发挥。

四、道德教育

道德是调整人们之间以及个人与社会之间行为规范的总和。这里的行为规范是指人们为了维护群体成员的共同利益，协调彼此关系，产生的一些约定俗成、调节个人行为的准则。

对初中生的道德教育应当包括：社会公德教育，培养初中生爱祖国、爱人民、爱劳动、爱科学、爱社会主义，并倡导初中生形成团结互助、平等友爱、共同进步的人际关系；职业道德教育，主要是培养初中生具备热爱自己的岗位、忠于职守、秉公办事等敬业精神；家庭美德教育，主要是培养初中生尊老爱幼、孝敬父母等意识。

五、法制教育

法制就是法律和制度，它包含两方面：一是法律和制度；二是执行和遵守法律制度的行为。

对初中生的法制教育，主要包括：法治意识的培养，主要是教育初中生意识到法制的存在，法制对社会秩序的作用，等等；熟悉法律常识，主要是让初中生明白生活中常见的法律问题；使用法律武器，主要是让学生在了解法律常识以后不触犯法律，还要运用法律来保护自己，并与违法行为做斗争。

第二节　学习策略的辅导

初中生的主要任务是学习，不断提高自己。初中班主任应该加强对初中生学习策略的辅导，使初中生成为一个会学习的人。初中班主任对学生学习策略的辅导主要包括三个方面的内容。

一、端正学习目的与学习态度

学习目的是学生进行学习活动所期望达到的结果。端正学习目的，主要包括：培养学生为祖国富强而学习的理想和抱负；根据学生自身的实际情况，确立不同层次的学习目标。

端正学习目的，还要让初中生正确对待升学考试。教育学生树立理想、正确对待升学，指导学生全面系统复习；升学考试时，指导和帮助学生了解考场知识、考试心理调适知识等；升学考试后，针对录取学生和落榜学生的情况，帮助学生完成升学志愿填写、人生规划以及考试失意后的心理调节等。

班主任要在帮助学生明确学习目的的基础上，帮助学生树立严肃认真、一丝不苟的学习态度；教育学生树立勤奋好学、踏实求精的学习态度；教育学生树立刻苦钻研、勤于思考的学习态度。

二、激发学习兴趣与学习动机

学习兴趣是学生对学习活动或学习对象的一种认识或趋近的倾向。培养学生的学习兴趣，应该做好以下工作：采用适合学生特点的学习方法吸引学生；指导学生参加课外活动，并使其有所收获；帮助学生培养广泛的兴趣等。

学习动机是影响学生学习活动的重要因素，它不仅影响学习的发生，而且还影响到学习的进程和学习的结果。因此，培养和激发学生的学习动机成为人们日益关注的问题。激发学生的学习动机可以从几个方面进行：向学生提出具体而明确的学习目标；注意教学内容和教学方法的新颖性；创设学习的情境，启发学生思维；适当地开展学习竞赛活动；利用学生已有学习成果的反馈对学生的学习进行正确评价；等等。

三、掌握学习方法

学习方法是指学生在学习过程中采用的手段和方式。学习方法是否科学，直接影响着学习效果。在对学生学习方法的指导上，教师应该注意：第一，指导学生自觉按照学习进程的基本环节进行学习。学生的学习过程由预习、听课、复习、作业和系统小结五个基本环节组成。第二，指导学生合理安排学习时间，科学用脑，养成良好的学习习惯。第三，引导学生根据学科特点以及自身的学习状况，采取相应的学习方法。

学习方法也包括制定学习计划。制定学习计划可以减少学习上的盲目性，提高自觉性、主动性和积极性，养成良好的学习习惯。班主任指导学生制定学习计划，应做好以下工作：提高学生的计划意识，对学生的计划决策进行指导，帮助学生不断总结检查学习计划的执行情况。

另外，还要加强对学生自学能力的培养。学生的自学能力是在教师的指导下，在自学活动中形成的独立学习、独立探索、独立获取知识和更新知识的最基本的能力。班主任应从学生实际出发，因人而异，引导学生掌握学习活动的特点和规律，结合教学内容传授学习方法，指导学生交流学习经验，等等。

第三节　个人生活的辅导

个人生活辅导的根本目的是培养会幸福生活的初中生。内容包括：帮助学生正确认识人生的意义和价值，培养积极向上的生活态度；指导学生正确处理家庭关系，尊重和体谅父母，能分担父母的忧愁，与父母同享快乐；指导学生正确对待同学关系；指导学生料理日常生活等。

一、积极的生活态度的辅导

班主任的重要任务是将正确的价值引导蕴涵在鲜活的生活之中，注重课内课外相结合，鼓励学生在实践中积极探究和体验，促进思想品德的形成与发展，指导学生在这个过程中正确认识人生的意义和价值，培养学生积极向上的生活态度。

二、科学处理家庭关系的辅导

学生在成长中离不开家庭的影响，父母是孩子的第一任老师，家庭教育对于一个人的成长具有不可替代的作用。现实生活中，不少家庭有各种各样的矛盾和冲突，比较突出的就是在亲情关系的处理上。不少家庭中亲情关系紧张，子女与父母、长辈之间的冲突时有发生，冲突多数是因为学业、交友、对长辈不尊重、生活习惯等。指导学生处理好个体独立性与家庭亲和性的关系，建立良好的亲情关系，对于建立现代家庭伦理是至关重要的，同时也是学生成长中必须学会的一项重要内容。尊重亲人、平等相待、履行义务、承担责任，是对学生进行家庭关系指导的主要方面。

三、健康的物质生活的辅导

物质生活主要体现在学生的住宿、饮食等生活环境、生活服务和生活质量方面。它既是学生身心健康的基本保证，也是育人环境。教师的爱不仅体现在学习上的诲人不倦，更体现在生活上的关心、爱护、体贴、照顾。班主任要对学生的物质生活给予关心、帮助与指导，并增强学生的自我保护意识和生存能力。班主任要关心学生在校生活情况，如饮食、起居、卫生，特别是安全，引导学生建立严谨、健康的生活方式，这也是保证学生身心健康，使学生今后能够独立生活的基础。

四、充实的闲暇生活的辅导

帮助学生合理安排和利用闲暇时间，包括指导课外阅读、文体活动、创造性活动、欣赏活动、正当有益的趣味性活动、家务劳动等。闲暇时间，一方面为学生个性的充分、自由发展提供了条件；另一方面，如果利用不当，反而会带来一些消极的影响。如何引导学生合理利用闲暇时间，提高闲暇生活的质量，成了一个迫切需要解决的问题。通过辅导闲暇生活，帮助学生树立科学的闲暇价值观念，并且在符合个性需要的前提下，向他们传授一些利用闲暇时间的技能与技巧，使他们逐渐掌握一些交际技能、文艺技能、体育技能、旅游技能和鉴赏技能等，满足他们精神上的发展和享受需要，从而使学生个性得以充分自由地发展，成为一个有理想、有道德、有文化、有纪律的精力充沛、生活愉快的社会公民。

第四节　人生规划的辅导

一个人要实现自我价值，达到自己的理想状态，活出精彩美好的人生，就必须拟订自己的人生规划。初中生的人生规划指导，应把重点放在规划生活、规划学习上，还要适当规划日后的成长。

一、初中生人生规划的重点

1．生活规划

对于初中生而言，生活规划包括家庭生活、人际关系、时间管理、消费理财等内容。这些内容和初中班主任的其他教育任务有交叉的地方，规划的重点应放在学习生活的规划上。

2．学习规划

主要包括各学习阶段的规划。在各个学习阶段，制定出各阶段要达到的学习目标、具体开展的方法及实施细则等。

二、初中生人生规划的方法

制定人生规划的方法有多种，例如方向、目标的系统决策法，人生总流程的具体设计法，信息反馈调控法，等等。各种方法都具有自身的特点和优势，但万变不离其宗，大致可以分为四个方面的内容。

1．自我认知

人生规划的前提是要了解自己，所以班主任要帮助学生做好自我认知。自我认知可以是自己认识，也可以通过别人的帮助来认识。良好的自我认知有利于在今后的生活中扬长避短，在新的选择面前，做出更适合自己的决策。自我认知是个不断加深的过程，越早了解自己，人生的发展也就越顺利。

2．明确目标

明确目标即思索和确定日后为之奋斗的人生价值追求。遵循人生规律，按照完整清晰的原则，划分人生各阶段的大体方向、核心内容及阶段目标。

3．目标分层

在这一步骤中，注意目标的时间限制要逐步细化，具体到年、月、日，尽可能详细。

4．调整目标

生活是动态的发展过程，人生目标的确定往往是基于特定的社会环境和条件的，并且这些环境和条件总在变化，确定的目标也应该随之做出修改和更新。

第五节　班级文化建设

一、班级物质文化建设

班级物质文化包含教室内的环境布置及师生的仪表等，是班级文化的基础及其水平的外显标志。

（一）建设优雅的班级环境

（1）教室墙壁。在教室的前墙、左右墙等合适的位置悬挂或张贴《中学生守则》、班训等常规内容，还要在适当的位置张贴课程表等班级建设常规用表。

（2）教室窗台。有些教室的窗台向外有延展，这样的较宽窗台，在充分考虑安全的前提下，可用于摆放盆景、花草。

（3）教室走廊。可以摆放盆景、花草。教室外墙墙壁可悬挂名人画像及语录。

（4）桌椅安放。桌椅安放要考虑教室的整体布置。比如，为了让学生近距离观看左右墙壁上的专栏内容，左右两大组的桌椅均应向中间靠拢，空出80 cm左右的空间，这样也有利于学生上课时看黑板。另外，桌椅的安放一定要整齐，桌椅安放不整齐也将影响到教室的整体美观。

（5）教室后墙。教室后墙是公布班级管理信息的地方，以壁报的形式出现，是教室布置时不可或缺的内容。设置班级管理园地不仅可以杜绝在教室里胡乱张贴的现象，保持教室整洁美观，还可以让班级管理科学化、规范化、有序化。只有科学、规范、有序的管理才能保证班级管理的质量，才能使一个班级健康发展，最终实现一个班级在整个学段的管理目标和育人目标。

（二）建设个性化的班级标识

班级标识是班级文化的可视象征之一，是体现班级文化个性化的标志，主要包括班级名称、象征物等方面的内容。班级标志一般包括两大部分：一是班级名称、班训、班徽等班级精神标志物；二是如班服等物质形态的标志。这里主要介绍一下班级名称和班训。

（1）班级名称。班级的名称一般是由学生受教育的程度（年级）和所在班级的序列构成，如初一（2）班，表示学生的教育程度是初中一年级水平，班级序列为2。也有很多非常规的班级名称很适合建设班级物质文化。

以地域命名的班级名称。我国由于民族众多，民族语言、风俗习惯等有较大差异，可以按地域或者民族来命名，如西藏班、蒙古班、新疆班等。

以志向命名。很多班级为了激励学生，选用一些含有特定意义的词语来作为班级名称，如“宏志班”“火箭班”等。

以班主任名字命名。为了体现班主任带班的个性，或者是为了利用班主任特有的人格资源来管理学生，一些学校也采用班主任的名字来命名班级。

（2）班训。班训指的是为激励全班同学勤奋学习、积极进取、形成积极向上的班风而以简短的词句拟就的班级口号。它的特点是主题鲜明突出，简洁明快，富有教导和劝诫意义。那班训怎么拟呢？一定要兼顾内容和形式。好的班训应该是内容和形式的完美结合体。一要用形象的语言表达明快的意旨，力求具体丰厚，切忌华而不实；二要有较为明确的宣传和鼓动作用，以指导全班同学努力实践；三要醒目，时看时新，耐人寻味，给人以美的享受；四是字数不宜过多，一般控制在4～12字之间，且多为双数。

二、班级制度文化建设

班级制度文化，是指党和政府的有关方针、政策、法规、条例、指令等和社会主义道德观念、行为规范、是非标准等在班级日常工作、学习和生活中的具体体现，是班级全体成员共同认可并自觉遵循的行为准则。

（一）班级制度文化的主要内容

1. 内在制度

班级的内在制度主要包括四种类型：

（1）各种习惯。不遵守习惯所受到的惩罚就是被排斥。学校班级的习惯性规则比较多，比如师生之间的称呼，历史上曾称为“先生”和“弟子”，现在称为“老师”和“同学”，学校的每个人都会出于自利性的动机而自动服从，谁若违背习惯，就会将自己逐出交往。

（2）内化规则。即人们通过教育和经验习得的条件反射般服从的行为规则，主要就是道德。对违反学校班级内化规则行为的惩罚主要是内疚。学校班级的内化规则比较复杂，比如，学生要诚实，如果学生撒谎了，就会受到内疚的惩罚，等等。

（3）习俗和礼貌。习俗和礼貌，总是由组织中的他人非正式地监督执行。如果违背了组织的习俗和礼貌，会遭到谴责。比如，学生见到老师要问好，这是学生应有的礼貌，如果学生见到老师没有问好，其他的同学就会谴责他。

（4）正式化内在规则。即由群体以正规方式宣布并由第三方执行的规则。班级的正式规则包括各种校规、班规。

2. 外在制度

如果说内在制度是引导成员的多数行为，是被横向地运用于平等的主体，那么外在制度则是用于束缚成员的少数不端，是自上而下的等级制。

（二）班级制度的制定

班级制度必须以社会的制度为前提，与社会规范要求相一致。班级制度是对社会制度体系的一些细化。

由班级自行制定的制度规范，包括“班干部岗位责任制”“自习制度”“寝室制度”“劳动制度”“值日制度”“春游制度”等。在班级制度制定的过程中，我们应用人文理念建立班级人文制度，具体体现在三个方面：

（1）全员参与制度的制定。制定班级制度规范时，不能由班主任或者班委会闭门造车，而应该在学生广泛讨论的基础上形成，只有这样的班级制度，学生才会认可并自觉维护和执行。

（2）制度的目的在于引导。制度是一种具有强制力、约束力的条文，对学生而言，未必就一定要“板着面孔”，制度的内容完全可以也应该是人文的。首先，班级制度的语言表述可以采用活泼生动、学生易于接受的形式；其次，班级制度所涵盖的内容不应太绝对，因为学生是一个世界观还未形成、自控能力较差的、正在发展中的群体，生活中往往处于“犯错不知错”或“犯错不自觉”的状态，所以，我们应该允许学生犯错误。制定制度的目的也并非杜绝学生犯错，而是在于引导学生认识错误和改正错误。从学生成长的历程来看，学生犯错误不仅正常，而且未必是坏事。鲁迅先生留学读书期间“弃医”可谓大错，但他却“从文”拿起笔，成为中国现代文化界的泰斗。

（3）制度的可操作性。班级制度不宜太复杂，表述应通俗易懂，条款应具有可操作性。

（三）班级制度的落实

首先，要组织学生认真学习各种制度，要求他们严格遵守，并对照制度约束自己的日常行为，长此以往，形成习惯。

其次，要经常性地开展诸如“今天我值日”“我是校园小警察”“我是校容校纪纠察员”“我是班级纪律检查员”等活动。通过这些活动，不但可以促使学生自觉地规范自己的日常行为，养成良好的行为习惯，还可以培养学生约束和制止不文明行为、扶正压邪、扬善惩恶的社会正义感和责任感。

再次，要整合学校、社会和家庭的教育合力，充分发挥社会和家庭在制度教育中的积极作用，全社会共同努力，形成合力，才能使制度教育落到实处。

三、班级精神文化建设

班级精神文化是班级在发展中，受一定社会文化背景、意识形态长期影响而形成的一种班级理念，它是一种以意识为形态的班级核心文化。班级精神文化是渗透在班级师生心灵中的一种精神动力，是班级健康发展的强大动力。

（一）班级精神文化的主要内容

班级精神文化主要包含两个方面的内容：办学宗旨和班级价值观。办学宗旨就是办学的主要目的。价值观是关于对象对主体有用性的一种观念。班级价值观是班级师生关于班级意义的终极判断，是班级所推崇的基本信念和奉行的主要标准。

（二）班级精神文化的建设途径

班级精神是班级文化植根历史、体现现实、引领未来的集中表现。因此，培育班级精神必须立足班级实际，继承优良传统，体现时代发展要求。培育班级精神是一个动态的过程，是一个在实践中不断丰富、升华的过程。任何一个班级，都是在动态的发展中传承文化、追求理想、塑造精神。班级精神一旦生成，班主任就要引领全体学生努力实践班级精神，使班级精神融入每个学生的思想观念、道德情怀、行为规范中，使班级精神成为激励学生勤奋学习、塑造自我的精神力量，最终使班级精神成为班级教育的根本价值追求。

确定健康的奋斗目标。班集体的形成和巩固是以共同奋斗目标为前提的，正确的奋斗目标是维系师生为之奋斗的共同纽带，是班集体前进的动力。确立班级奋斗目标的方法是多种多样的，一般说来有如下两种：一是师生共同商定。对一个发展状况良好的班级，一般宜采用这种方法。它可以集思广益，使目标的确立更切合实际，增强了可行性；同时，也可以满足学生的情感需要，增强激励性。共商的过程就是学生自我教育的过程，从中还可以培养学生自我调整、自我教育的能力。二是班主任定夺。班主任在做出定夺前必须进行细致的调查研究，尽可能地了解并吸收学生的愿望和要求，在目标提出以后，还要做反复的讲解、动员，使目标逐步转化为学生的自觉努力方向。

营造积极的舆论氛围。学生在集体中，思想行为容易受到集体舆论的制约和同化，心理学上称之为“从众心理”。因此，班主任要重视舆论文化的建设，真正做到以正确的舆论引导人。培养正确的集体舆论，可从以下几个方面入手：

（1）加强学习引导。组织学生学习思辨哲学、法规制度、道德修养等，提高学生的思想认识水平及明辨是非的能力，树立正确的价值观，养成良好的道德行为习惯。

（2）开展各种有益的活动。如开展学雷锋活动、演讲比赛等，以培养正确的舆论。

（3）清除文化垃圾，净化校园空气。不传阅不健康的书报杂志，不学唱不健康的歌曲，清理课桌、书本、文具盒上的不健康的图画及语言文字，消除消极文化的影响。

（4）针对倾向性问题或热点文化现象，举办专题讲座、主题班会、辩论会，澄清模糊认识，引导正确舆论。

（5）抓好宣传阵地。充分发挥广播室、黑板报、阅报栏、宣传橱窗、图书阅览室、名人名言警示牌的作用，大张旗鼓地表扬好人好事，同时，批评错误的思想行为，抑制歪风邪气，树立正确舆论。

第五章　新时代初中班主任工作特色

第一节　新时代初中班主任的专业要求

班主任在学校管理中的作用是十分重要的，他们负担着教育教学的重任，是沟通学校、家庭、社会的桥梁，是联系各科教师的纽带，是提高教育质量的关键，同时，也是一个班级的灵魂，是维系全班几十个孩子的中心纽带，是学校工作得以正常开展的关键。有人曾说："班主任是封疆大吏，手下几十员大将，手握班级大权，一呼百应，班内班外，绝对灵通。"然而，当我们走近班主任，却发现在这表面风光的背后，其实深埋着班主任的另一番愁苦滋味。

一、新时代，对班主任的要求越来越高，给班主任带来了极大的压力

一方面，21世纪，知识显得越来越重要，家长对学生的期望值也与日俱增，这种望子成龙、望女成凤的心理使教师地位得以提升的同时，也使班主任在心理上产生了巨大的压力。另一方面，电视媒体、网络技术等先进传媒产业的蓬勃发展使许多学生接收信息的渠道大为拓展，由于青春期心理和生理上的特点，如果缺乏正确的引导，很容易使他们受到凶杀、暴力、色情等

不良思想的诱惑，给班主任的工作带来新的挑战。为了使每一个孩子都能各尽其才，健康快乐地成长，班主任往往要煞费苦心，不失时机地对学生进行教育，可有时，一次教育收效甚微，要对学生进行多次引导、说服，往往使班主任筋疲力尽。

一位叫洋洋的学生，平时喜欢上网玩游戏，虚拟世界中血肉模糊的场面，让他感觉十分过瘾，于是便总在现实生活中寻找各种刺激。班主任知道后，并未严厉地批评他，而是通过生活中的一些小事，对其耐心地加以引导，终于让他那颗寻求刺激的心稍稍平静下来。可谁知好景不长，不久，他又遭到一个社会青年的抢劫和殴打，这又重新激起了洋洋那颗不安分的心。于是，班主任又开始辗转于学校与洋洋家，总算将洋洋安抚住，班主任才算长舒了一口气。

初中生正处于生长发育期，他们在思想上、心理上时刻都在发生着变化。他们好奇心强，逆反心理也强，心理脆弱而极易受到伤害。有位学生私下里和同学说："我真希望老师打我一顿，这样我就可以离家出走了！"在学生存在逆反心理的情况下，班主任如何更有效地教育学生，成了众多班主任不断尝试探索的课题。苏霍姆林斯基说："我们越是深入学生的内心世界，体验他们的思想感情，就越体会到这样一条真理：在影响学生内心世界时，不应该挫伤他们心灵中最敏感的一个角落——人的自尊心。"实践表明，传统的单一的教育方法是不能从根本上达到教育目的的，我们只有了解学生的心理，采取"倾听—释放—疏导"的方法，解开他们的心锁，为他们指点迷津，才能使我们的教育更加行之有效。

张老师今年带毕业班，距离中考还有 100 天左右的时间，为了让同学们能全力以赴做最后的冲刺，她在教室里悬挂了"卧薪尝胆，奋战百天"的条幅，同时黑板前也贴了"中考倒计时"，时刻提醒同学们要专心致志地投入紧张的学习当中。可她最近发现，班上的小明同学总是心不在焉，成绩也由原来的第三名滑到了第十名以后。细心的她经过仔细的观察和多方调查得知，小明正和邻班的一位女生"处朋友"，张老师立即找小明，与他谈心，可得到的却是小明那淡然的眼神和缄默的态度。张老师马上与家长沟通，可心急如焚的家长也是束手无策。眼看着中考越来越近，而对小明的各种说服教育不仅无济于事，反而招致他强烈的抵触情绪。内心的孤独与学习的苦恼开始成为他所有作文的主题，回到家把书包往地上一扔，倒头就睡，根本不理学习这茬儿，最终在中考中名落孙山。现在每每提起小明，张老师都会叹息不止。

二、新时代的课程标准要求教师及时转变角色，使教育艺术化

课程标准要求教师成为课堂教育的主持者、引导者，突出学生的主体地位，与学生建立平等、和谐的师生关系。这就要求班主任从以前的管理员、监察员、侦察员等多重身份中转变过来，走艺术化教育的路子。

1. 充分发挥班级干部的作用

班主任要根据学生的实际情况，选拔学生担任班级干部，并设立班级干部培训制度，定期对他们进行培训，提高他们的工作能力，使他们尽快成为老师的左膀右臂。同时，又要对班级干部实行全班民主监督，以增强他们的自律意识。

2. 利用主题班队会

积极开展丰富多样的班级活动，培养同学之间的团结合作意识，增进师生之间的情感，从而增强班级的凝聚力和战斗力。

3. 提高班主任的个人修养

班主任要学会艺术地处理同学之间、师生之间的矛盾，以“四两拨千斤”的方法对学生进行恰当的教育。如一位班主任遇到过这样一件事：有两个同学在教室门口发生口角，上课铃响了，一位同学迅速走进教室，而另一位“吃了亏”的同学流着眼泪不肯进教室。这时，评理是要耽误上课的。于是老师说：“我会严肃处理的，快到我办公室取盒粉笔，我等着用。”这位同学飞快地拿来粉笔，就位了。由于这件事会引起全班同学上课心思不定，于是一上课老师就说：“刚才两位同学吵了架，一位同学听到上课铃立即进了教室，而另一位同学为全班同学服务，拿了粉笔，很好。我相信他们两个会听好课，也相信全班同学会听好课。”结果，这节课上得很顺利，打架的两位同学下课后也握手言和了。

4. 因势利导积极地对后进生进行教育

教师从事的是传授人类文明的职业。一位良师不仅要懂得科学的教育方法和管理艺术，还要有一颗爱心。但要真正地去关心爱护每个学生，特别是所谓的后进生，对他们进行疏导教育，的确是一件很辛苦的事。

小伟生活在单亲家庭，相依为命的母亲为了养家糊口而四处奔波。孤独而又缺乏关爱的生活使小伟形成了孤僻而又倔强的性格，学习不用心，尤其是英语，更是一塌糊涂，但他头脑聪明，数学成绩一直不错，体育也很好，又酷爱足球，很有一股敢打敢拼的劲头。班主任根据他的优点，号召全班同学对他进行生活上和学习上的帮助，并帮助他树立自信心，使他原本冷漠的心终于燃起了新的希望。

后进生一般由于种种原因，成绩普遍较差，纪律上又较散漫，甚至个别学生还经常“惹是生非”，到处“捅娄子”，他们的自尊心往往又很强，很在意老师和同学对他们的评价，因此，班主任在教育后进生时，采取积极的激励引导的方式会收到良好的效果。

三、新时代，家庭与学校需要紧密联系，班主任与家长的沟通方式需要新的变化

我们的教育是多维的、立体的，需要学校、家庭乃至全社会的齐抓共管。而如今的社会，生活节奏日趋加快，很多家长都忙于工作，认为把孩子交给学校、交给老师就万事大吉，这就使得老师与家长的沟通减少了，对孩子在家和在校的情况两不相知。而孩子为了躲避老师和家长，也会想尽一切办法蒙混过关；有的孩子怕家长责罚，自己到劳务市场雇“家长”；还有的孩子早晨背起书包离开家，不是去上学，而是中途去玩耍，在老师那推说家里有事，老师和家长都被蒙在鼓里；有的游戏场所更是为孩子大开方便之门，甚至包庇孩子的错误做法。如此种种，给班主任的管理工作带来了很多麻烦和隐患。

期末结束后，小明的家长怒气冲冲地找到班主任，质问他：“孩子每次考试都是前几名，而且还参加英语竞赛、数学奥林匹克竞赛，都获了奖，为什么最后才考了300多分？”班主任顿时被问得一头雾水，小明的成绩一直都不

理想，别说前几名，就是前几十名的时候都没有过，更没有在任何一次比赛中获奖，家长的话从何说起呢？最后通过辨认成绩单，才得知这原来都是小明私自篡改的，至于竞赛获奖也是无稽之谈。小明的家长感到十分抱歉，班主任也感觉心中很不是滋味。

以上所说的仅仅是班主任繁多而琐碎的事情中的点点滴滴，时代的发展对班主任工作提出了更高要求。班主任一方面要不断地更新教育理念，适应时代需求，另一方面又要把来自学校、社会等方面的压力转化为不断前行的动力，只有这样才能开创教育教学的新局面。

第二节　新时代初中班主任的人文关怀

我们要创造一个面向全体，公平、平等的教育环境，即对全社会的人们施以教育关怀。我们在这里所说的教育关怀，是指以政府为代表的所有利益主体或利益代理人，从教育的途径，在总体上关注并致力于改善所有人的生存状况。其核心是关注并致力于改变不平等，关注并致力于消除由于外在各种差异带来的教育机会的不平等，关注并致力于消除由于各种差异带来的歧视。

政府是教育关怀的责任主体，只有政府增强民主意识，把促进教育机会平等放在社会稳定和经济发展的高度来认识，才能努力消除各种教育不平等和教育歧视现象，从而为每个人的生存和发展创造平等的空间。

为了使更多的人接受教育，我国采取了一系列的措施。比如，2001 年教育部就普通高校招生工作作出决定，取消“未婚”，年龄一般不超过二十五周岁的限制，这就是说，所有的成年人，即使到 80 岁也可以参加高考。这一决定作出后，山东烟台市一位 73 岁老人参加了高考。据了解，这是国家取消高考报名有关年龄限制之后，山东省报考者中年龄最大的一位，这位老人名叫巩建基。巩老十分好学，喜欢买书读书。随着知识经济时代的到来，巩老更感到自身知识的缺乏，于是他决意参加高考，并专心复习。他说，如果今年不行还有来年，在他有生之年，他有信心实现自己的梦想。

国家作出高考不受年龄限制的这一重大决定，对于有些由于种种原因未能走进大学校门的人来说，无疑是一个弥补遗憾的良好机会，然而，要想使更多的人获得受教育的机会，使全体国民素质在整体上有普遍的提高，绝不可忽略作为国民教育基础的义务教育。义务教育是每个人为了生存和发展所必须接受的保障性教育，它与每个人的生存发展息息相关，因此，对义务教育的关怀是国家必须守住的公共教育的底线。在义务教育阶段，作为教育工作者又应该如何关注学生，关注学生的发展，对学生们平等地施以教育呢？

舒适的沙发，分隔成雅座的桌椅，桌上还有鲜花，乍一看这像是一个红茶坊，事实上这是北京市第十一中学新建的教师办公室。这是在教师办公室内专门为师生交流而开辟的“特区”，在北京还是第一家。该校一名新生说：“从前到办公室找老师，老师坐着，我们站着，有一种被训话的感觉。现在能够与老师面对面地交流了，感觉很亲切，也平等了。”校长李金初认为，提高教学质量除了从教学上入手，有效调节师生关系也是很重要的。因此，做出这样的设计，在这样的环境中能有效地缓解学生面对老师的紧张情绪，让师生能敞开心扉地交流。

中国人民大学社会学家周考正认为这是一件好事，体现了基础教育改革中的一种人文文化发展的潮流。师生关系趋于平等，有利于师生双方的互相尊重。但是不同的学校拥有的教育资源不同，应该找出适合学校条件的具体方法。据悉，有的学校还用悦耳的音乐代替了上下课刺耳的铃声。其实，在学校教育中，对学生施以人文关怀的方式有很多种。

福建寿宁一中的卢老师所教的一个补习班的一个学生对她说，他哥哥生病了，他要回家照顾哥哥，不能坚持学习了，卢老师相信了他，为他说情，退回了学费，并为他补课、发给他资料。后来，当卢老师又一次为他送去资料时，他悔恨地对卢老师说：“卢老师，对不起，我骗了你。”原来，他哥哥并没有生病，是他将父亲给的学费拿去赌博，并且全输了。卢老师一时又气又恼，但她并没有责怪他，而是细心地做他的思想工作，并一如既往地帮助他。后来，卢老师收到了他发自福建金融学院的一封信，他在信中说：“卢老师，我的生命因为您的那一次呵护而苏醒。”

案例中的卢老师对学生的细心与真诚令人感动。实践证明，只要我们对学生有一颗善良的心，有一颗赤诚的心，那么就一定能唤醒他们，使他们走上人生的正确道路。

小伊本学期刚刚转入刘老师的班级，老师把她安排到了第一排的座位，结果下午她就找到老师，请求把她的座位调到最后一排。刘老师问她为什么，她脸涨得通红，不断拨弄着手指，支支吾吾地说：“我学习成绩不好，坐在老师眼前很不舒服。”“那你为什么学习不好呀？我可发现你很聪明！”刘老师轻声说道，同时拉着小伊的手，示意她坐下。老师的举动使小伊紧张的情绪得以放松，说：“我不爱学习……”也许感到自己说走了嘴，小伊马上把后面的话咽了下去，慌忙把头埋得更深。没想到老师不仅没有生气，反而伸出手轻抚着她的肩膀，笑着说：“你很诚实，能告诉我你对什么感兴趣吗？”小伊突然感到从老师的手心所传递的关心与温情，于是，她抬起头忽闪着美丽的大眼睛说：“我喜欢音乐，喜欢周杰伦，喜欢蔡依林，我将来也想当歌星……可他们都笑我做白日梦……”“因为成绩不好？”小伊默默地点了点头，又一次沉默不语了。刘老师还是微笑着说：“好，我答应你的申请，但你也得保证：第一，上课不要溜号；第二，不论别人怎么说，你不能放弃理想，老师会帮助你的！”

小伊非常高兴，而刘老师也开始对她进行仔细的观察。结果发现，这孩子真的在音乐方面很有天赋。于是，老师找到了小伊的父母，希望他们能尊重孩子的意愿，为她寻求专门的音乐老师进行指导。另一方面，刘老师注意在班级的各项活动中充分发挥她的音乐才能，使小伊很快成为全校的文艺骨干。更神奇的是，小伊的学习成绩也渐渐有了起色。正如她在日记中所说：“从前，我以为学习就是为了上高中，上大学，所以一点也不喜欢学习，现在我发现，原来人无论干什么都需要知识，因此，我要学习知识。我要感谢刘老师，是她改变了我的人生……”

以“爱满天下”为座右铭的人民教育家陶行知先生说：“你的教鞭里有瓦特，你的冷眼里有牛顿，你的讥笑里有爱迪生。”正是为了无数的瓦特、牛顿、爱迪生，作为教师要把满腔的爱给予学生，真诚地去发现每个学生身上的火花，热情地关注他们的成长。

而今我们的教育，并不是培养出几个尖子、精英就算万事大吉，而更应重视的是学生作为一个人的终身发展，我们进行教育的目的也并不是培养几个答题能力强的“得分工具”，而更应重视的是学生的情感和体验。因此，“以人为本”应当成为当今教育尤其是义务教育的理念，“为了一切学生、为了学生的一切、一切为了学生”也应成为所有教育者施教的目标。

第三节　新时代初中班主任的工作艺术

王老师和李老师都是新参加工作的年轻教师。她们分别教一个班的语文和数学，虽然有着相同的学历和相似的经历，但两个人在教学上却大相径庭。王老师活泼爱动，整天扎在学生堆里有说有笑，有人说她松松垮垮，可上课时学生的积极性很高，语文成绩在全年级名列前茅。李老师则不同，她平时从不与学生开玩笑，学生稍犯错误，要么大吼小叫，要么挖苦讽刺，就像有的同学所抱怨的那样：“我们的李老师就像她手里的直尺三角板一样，划出的线是直的，说出的话是尖的……”一来二去，学生对数学提不起兴趣，课堂上昏昏欲睡，做起题来一塌糊涂，成绩自然可想而知了。对此，李老师也十分委屈：“我平时对他们要求得严一些不对吗？作为老师，谁不想把工作做好，可这些孩子怎么就是不能理解老师的一片苦心呢？”

中国有句古训：“亲其师，信其道。”它告诉我们，建立良好的师生关系是至关重要的。我国传统教育历来非常重视教师的地位和作用，孟子曾引证《书·泰誓》中“天佑下民，作之君，作之师”的说法，将君、师并提；荀子更明确提出：“天地者，生之本也；先祖者，类之本也；君师者，治文本也。”“国将兴，必贵师而重傅。”荀子认为，师是礼法或是礼仪的化身，他甚至把能否尊师提到关系国家兴亡的高度。在这种观念下，老师是权威。老师的地位在不断提升。另一方面，也使老师在人的个性解放上付出了沉重的代价。

在一个小学课堂上，曾经发生过这样一件事，老师问学生："雪融化以后是什么?"大部分学生都回答说："是水。"老师给予肯定。又有一位学生说："是春天!"许多同学睁大了眼睛，那位老师却毫不犹豫地给这个答案判了"死刑"。一个美妙的想法就这样被扼杀了。

随着信息时代的到来，学生获取信息的渠道越来越广泛。老师的至高无上的权威已然动摇，师生关系也开始发生了微妙的变化。教育学理论告诉我们，师生关系主要有三种：一是服从型，教师靠规章要求学生服从；二是认同型，教师靠高超的教学艺术、渊博的知识获得学生的认可，但关注的仍是教材；三是同化型，这是最高层次的师生关系，教师以"教人"为己任，关注学生的发展，鼓励学生超越老师，以"青出于蓝而胜于蓝"作为教育成功的标志之一。

那么，怎样才能建立起和谐、融洽的师生关系呢？下面几个小故事或许能给我们一些启发。

小明是班级的班长，一次，班主任误以为他将作业借给其他同学抄袭而当众狠狠地批评了他一通。小明觉得自己很委屈，老师的话，同学们那种特殊的眼神深深地伤害了他的自尊心。课下，他终于找到老师，说出了事情的真相，老师也为自己的莽撞而深感后悔，并牵着小明的手，当着全班同学的面向他赔礼道歉，并向全班同学保证，以后决不武断行事，结果赢得了同学们一片真诚的掌声。

老师赔礼道歉似乎不可思议，其实仔细想想，老师也是人，也可能犯错，犯错误后赔礼道歉也很正常。故事中老师赔礼道歉的做法不仅维护了个别学生的自尊心，也显示了自己的风度；不仅赢得了同学们的掌声，更赢得了同学们的心。

学生正处于生长发育的阶段，生理和心理都发生着很大的变化。尤其是现在的孩子，生活条件不断改善，大多比较优越，心理普遍比较脆弱，逆反心理极强。这就要求班主任要用平等的眼光看待学生，把他们当作自己的朋友去交往，真心尊重学生的人格，同时以身示范，逐渐培养学生坚强、勇敢的性格。高尔基曾经说过："谁最爱孩子，孩子就最爱他，只有爱孩子的人，他才可以教育孩子。”就是说，作为老师，尤其是班主任，必须热爱学生，尊重学生，理解学生，做学生的朋友，才能与学生建立起融洽的师生关系，达到师生心灵相通，教学相长。

赵老师每节课前都安排学生按座次进行演讲。有一次，赵老师代表学校参加一次大规模的讲课比赛，这次演讲正好轮到小强，且不说小强其貌不扬，学习成绩不好，重要的是，他一着急还有一些口吃，同学们纷纷建议换一个成绩好的演讲，这毕竟涉及学校的荣誉。小强在同学们的纷纷议论声中埋下了早已涨得通红的脸。这时，赵老师示意同学们安静，而后非常坚定地说："我认为顺序不能变，何况我相信小强一定能为我们争光，请大家相信我，相信小强同学！"语音刚落，下面响起了雷鸣般的掌声，大家把目光投向了小强，而此时的小强也慢慢地抬起头来，眼里分明闪烁着晶莹的泪花。那次课，赵老师讲得特别成功，尤其是小强的课前演讲十分出色，不仅生动、幽默，而且仪态大方得体，为上课营造了很好的气氛。更难得的是，从那以后小强就像变了个人似的，学习上很努力，口吃的毛病也改了，每当他看到赵老师的时候，目光中总是充满着感激与自信。

著名教育家苏霍姆林斯基在《要相信孩子》一书中说："儿童的心灵需要极大的关注和爱护。"而这种关注和爱护应该建立在信任的基础上。其实对孩子的信任，对于孩子来说就是一种很大的鼓励，哪怕他们犯了错误，哪怕他们目前并没有什么实力，但有了老师的信任，师生之间就会有默契的沟通，也一定会出现创造奇迹的可能。

学期开始，班委们就建议老师，由于校规校纪规定得不是很细，而且有很多地方不符合班情，最好在校规校纪的基础上，再制订一部班规。老师十分高兴，而且十分赞成大家的提议。于是，班委们建议班规的内容要让同学们自己定，然后统一汇集、整理，这样"自己管自己"，效果一定会很好。老师表示赞同，而且在当天便把这一决定在全班公布。同学们对此表现出了空前的热情，纷纷献计献策，有的同学甚至写了40多条，从早晨到校到假期在家，非常细致全面。很快，班规在大家的期待中出炉。由于这是大家自己的劳动成果，所以同学们对班规都十分认可，执行起来自然也十分顺利。

营造民主和谐的班级氛围，能够充分调动学生自我管理、自我教育的主动意识，培养其主人翁的责任感。班主任要充分信任学生，放权给学生，增强自己的服务意识，这对建立新型师生关系是至关重要的。

第六章　新时代初中班主任领导力提升

第一节　初中班主任领导力理论概述

任何一项科学研究，特别是社会科学研究，首先要对研究中涉及的核心概念进行界定，这是研究的起点。本章将对初中班主任领导力所涉及的班主任、领导力和班主任领导力这三个概念进行界定。

要想提升初中班主任领导力，还得明白初中班主任领导力的构成要素，才能有针对性地去提升。本章将从非权力性领导力和权力性领导力这两大类初中班主任领导力的构成要素去解构，以便让初中班主任有的放矢地在教育实践中提升领导力。

提升班主任领导力，还需要有科学的、系统的、全面的理论作为基础。本研究的主要理论依据是领导理论和教师专业发展理论。

本章将对初中班主任领导力的三个概念进行界定，对初中班主任领导力的两大类构成要素进行分析，并阐释初中班主任领导力的五个重要理论基础。

一、初中班主任领导力的概念界定

国内对班主任的概念界定趋于一致。国外对领导力的概念论述较为丰富，而对班主任领导力的概念研究较为匮乏。班主任领导力这一概念是班主任和领导力的有机结合体，要想理解班主任领导力的概念，首先要清楚班主任和领导力的概念。因此，首先对班主任和领导力的概念进行阐述，然后对班主任领导力作出定义。

（一）班主任

1862 年，京师同文馆首次将国外的班级授课制移植到国内，前清和民国时期的各级各类学校都设置了本科正教员、级任教员、学级主任等类似班主任的职位。1942 年，在绥德专署教育科编制的《小学训导纲要》中首次提到班主任职位名称。中华人民共和国成立后，教育部颁发《中学暂行规程（草案）》，明确提出班级要设置班主任岗位。改革开放以来，教育事业蓬勃发展，对班主任工作也不断提出新要求。从 1979 年开始，教育部陆续制定了《关于班主任工作的要求》《中小学班主任工作规定》等一系列文件和规定，目的就是加强班主任工作队伍建设，完善班主任工作制度，确立班主任这一专业职务，提高教育质量，促进学生和班主任共同发展。

班主任由来已久，对其概念进行解释，以王焕勋的观点影响较广：班主任是对一个教学班进行全面负责的教师，是学生集体的组织者、领导者和教育者，是党和行政领导对学生进行基本领导的主要依靠力量，是学校集体中的支柱和骨干；班主任在学生全面成长中起着导师的作用，并负责协调本班各科的教学工作和沟通学校与家庭、社会之间的联系。

2006 年，教育部在《关于进一步加强中小学班主任工作的意见》中指出："中小学班主任是中小学思想道德教育的骨干，是中小学生健康成长的引领者，是班集体的建设者和组织者，是学校与家长和社区的沟通桥梁。"结合王焕勋和教育部的观点，虽然班主任是一个具有多重角色的人员，本书重点研究初中班主任的领导者身份，对组织者、教育者等其他身份兼有研究。

（二）领导力

关于领导力的内涵，国内有着丰富的解释，不同的学者持有不同的观点。

在梳理国内外有关领导力的内涵之后，发现对领导力的概念界定主要分为“影响力说”和“能力说”两种。

持“影响力说”观点的主要有诺斯豪斯（Northouse）、约翰·麦克斯维尔（John C. Maxwell）、林志颂（Ghee Soon Lim）和理查德（Richard L. Daft）等人，他们认为领导力是在群体环境或群体活动中，领导者对其他成员产生影响，并激发他人追随领导者，共同达成目标的一种综合影响力。

持“能力说”观点的主要有库泽斯（Kouzes）和波斯纳（Posner），他们把领导者能够激励他人在组织中自愿作出贡献的能力叫作领导力。此外，中国科学院“科技领导力研究”课题组对领导力的观点与之相似，认为领导力是指领导者能够吸引被领导者追随他们，并持续实现组织目标的能力。

上述两种不同观点，主要是由于对领导力构成要素及领导力发挥层面存在不同的理解。“影响力说”认为领导力的构成要素主要以领导者自身特质和能力为主，关注的是领导者自身特质所产生的影响；而“能力说”认为领导力的构成要素还包括外部环境，关注的是领导者在情境中发挥领导力的过程。

（三）班主任领导力

李惠芳认为，班主任领导力是一种影响力，是班主任按照教学大纲和学校教学计划，为实现班级目标，充分调动班级内外的力量，所进行的组织、沟通、指导、协调、决策、激励等各种职能活动，以吸引学生持续实现班级共同目标的影响力，从而促使学生全面发展和班主任专业化发展。马兰霞在其著作《提升班主任领导力》中对班主任领导力作了另一种解释，认为班主任领导力由两大类能力组成：一是人际影响力，它主要从班级管理实践中产生；二是综合性的能力，它涵盖班主任所拥有的行政能力，以及班主任自身所具备的专业能力和思想影响力。张李娜将班主任领导力定义为：班主任以教师领导力为基础，遵循国家教育方针和学校教学计划，对所带班级的学生进行有计划、有目的的组织、指导、协调、决策、评价，在使用权力和非权力的过程中表现出来的、为完成班级建设和教育教学工作任务所应具备的综合性影响力。吴耀东认为，班主任领导力是班主任从班级团队工作的大局出发，通过自身所具备的素质和因班主任岗位所获得的影响力，按照班级组织目标和班级规律，在师生关系、同事关系、学校管理等众多情境因素中，对学生、同事及其他人员所形成的综合性影响力。

综上，根据对班主任、领导力和班主任领导力的概念厘定，以及根据初中班主任的工作特点，初中班主任领导力不仅跟班主任自身有关，还跟学校环境有关，是初中班主任影响力和能力共同作用的结果。因此，本书将初中班主任领导力定义为：初中班主任通过自身所具备的特质、能力等非权力性因素，以及班主任这一职位所赋予的权力性因素，在教育教学和班级管理的过程中，按照国家教育方针、学校教育指导以及班级目标，对班级学生产生影响，并促使学生全面发展、达成班级共同目标的能力；在学校环境中，对各科任教师、同事等相关学校组织成员产生影响，促进学校班主任工作队伍建设的能力。

二、初中班主任领导力的构成要素

由对初中班主任领导力的定义可知，初中班主任领导力的构成要素可分成两大类：一是班主任自身所具备的非权力性领导力，二是班主任因职权所具备的权力性领导力。结合中国科学院“科技领导力研究”课题组提出的“领导力五力模型”（影响力、控制力、感召力、决断力和前瞻力），以及北京大学杨思卓教授提出的“360度领导力模型”（学习力、决策力、感召力、组织力、教导力、执行力），本研究结合班主任领导力的构成要素，以及上述领导力的维度，根据初中班主任的工作特点，认为初中班主任领导力由两大类、七个维度构成：即非权力性领导力（感召力、前瞻力、学习力）和权力性领导力（组织力、教导力、决策力、评价力）。具体解析如下：

（一）非权力性领导力

1. 感召力

感召力是领导力结构中最本原的领导力，这种能力不是依靠外在权力而赋予的，而是领导者本身所特有的个人魅力，即领导特质理论中的个人魅力特质，包括品格、知识、情感等综合素养。初中生的心智逐渐趋于成熟，自我意识明显增强，有自己独特的理解力，但又有明显的叛逆心理。如果班主任采用强硬手段来教育学生，势必会让学生产生抵触心理。因此，班主任需要通过自身的品格、知识、情感等内在品质去感染学生、影响学生。当学生感知到班主任的这种影响力，便会发自内心地认同班主任并愿意追随，这样才有利于班级管理和教育教学活动的开展，从而有利于班级目标的实现。由此可见，提升班主任领导力首要的就是提升班主任的感召力。

2. 前瞻力

如果说感召力是领导力结构中最本原的领导力，那么前瞻力就是感召力的延伸。

在领导力模块中，前瞻力是一种超前的预测能力。初中班主任的前瞻力主要体现在班主任能否站在教育前沿掌握教育的最新发展动态，能否站在学校教育规划的角度提出关于学校未来发展的建设性意见，能否站在学生培养目标的出发点制定班级发展目标。初中班主任具备前瞻力的前提是要了解学生，只有了解学生，才能在育人工作中做到有的放矢，做出正确的前瞻性预测。

3. 学习力

对于班主任来说，作为教育者，首先得是学习者，而且要随着时代发展和学生发展，持续不断地学习，树立终身学习的理念。知识是班主任的立身之本，是构成班主任非权力性领导力的重要因素。初中班主任作为班级的教育者、管理者和领导者，一方面，需要具备扎实的专业知识基础，加强教学实践，以满足日常教育教学和班级管理工作要求；另一方面，要不断更新知识结构，以满足初中生的好奇心和求知欲，力争成为一名博学多识的班主任。

（二）权力性领导力

1. 组织力

组织力是指组织者为了实现组织目标，通过组织成员、组织活动对组织内各种资源进行最优化安排的能力。班级组织是一个有一定人数规模的正式小群体，其组织成员包括班主任、教师和学生。其中，班主任组织能力的强弱，在一定程度上决定了班级组织目标实现的程度，也关系着学生的健康成长。可以说，提升班主任组织力是提升班主任领导力的重要保障。从组织的流程来说，班主任的组织力包括计划能力、控制能力、沟通协调能力、组织教学活动能力、任用班干部能力等；从组织的情境来说，班主任的组织力包括管理课堂能力、组织班级活动能力等。

2. 教导力

蒂奇说，领导者与其发号施令逼迫他人做事，不如通过教导而让他人看清形势的真面目，采取相对应的行动，从而推动他们去到该去的地方。因此，教导力是领导力的核心，领导者通过教导领导他人。班主任既是班级组织的教学者又是领导者，这就要求班主任不仅要向学生传道授业解惑，促进学生发展，还要循循善诱地引导学生向正确的道路前进。只有既当好教育者又当好引导者，班主任才能提升教导力水平，才能成为优秀的领导者，在教育教学工作中游刃有余。

3. 决策力

决策力是指在面对大是大非问题和突发情况时，能够保持头脑冷静，从全局考虑问题，并果断作出正确决定的领导能力。初中班主任的决策力，主要是指初中班主任在带班过程中遇到各种问题时，以及在发生紧急突发状况时，能够快速做出正确判断和最佳决策的能力。初中班主任的决策力对初中生的生理、心理和精神都有较大的影响。特别是当今社会在不断发展变化，教育情境也在随之而变，若班主任处理问题不当，决策不够周全，对学生的一生都会产生消极的影响。因此，初中班主任需要具备良好的决策力。

4. 评价力

评价力是指通过分析已知信息，做出价值判断的能力，目的是纠正不良行为，以及激励人心，实现被评价对象的进步与发展。班主任作为教师队伍的中坚力量，其中一个重要使命，就是通过客观评价学生的思想和行为，激发学生的内在潜质，激励学生朝着目标努力，推动学生德、智、体、美、劳全面发展。评价时，需要注意以下几个方面：时效性、双向性、激励性和多样性。评价力是初中班主任要熟练掌握的一种能力，评价力的高低也是判断班主任领导力高低的一个重要维度。

三、初中班主任领导力的理论基础

提升班主任领导力，无论是对班主任自身还是对班集体、班主任群体都具有重要的实践价值。而实践活动往往离不开理论基础，实践可以产生科学理论，科学理论可以指导实践，二者相互作用。领导理论包括领导特质理论、领导权变理论、道德领导理论和分布式领导理论。此外，班主任属于教师队伍的一分子，教师专业发展与班主任领导力提升也是相互作用的关系，因此，本研究认为，教师专业发展理论也是本研究中必不可少的理论。以下将说明领导特质理论、领导权变理论、道德领导理论、分布式领导理论和教师专业发展理论的具体内容，并阐述每个理论对初中班主任领导力提升的意义。

（一）领导特质理论

领导特质理论在20世纪初诞生后，便成为领导理论中的重要理论之一，其主要经历了两个发展阶段。先是传统领导特质理论，以彼得·德鲁克和斯托格迪尔等人为代表，主要研究领导者所独有的特性和品质，认为领导者是先天注定的，没有先天领导特质的人不能成为领导者。随着社会情境变得越来越复杂，传统领导特质理论受到挑战，以柯克帕特切克、洛克和包莫尔等人为代表的研究者，开始寻找领导者的共同特质，发现领导特质并非与生俱来，可以在后天实践活动中习得。

一般而言，先天具备领导才能的教师担任初中班主任固然是好的，但大多数人都是普通人，具备领导天赋的教师并不多，而初中班主任岗位需求大，因此，我们更注重在教育实践活动中来培养班主任。从上述关于领导特质理论的研究可以看出，虽传统领导特质理论和现代领导特质理论的代表人物不同，但对领导特质的内容研究不是严格区分的，而是相互渗透的。

让具备领导天赋的初中班主任更大限度地发挥领导才能，重点帮助那些没有领导天赋的初中班主任，在教育实践活动中，培养并强化其领导特质，如合理安排和利用时间、作出有效决策、社会交往能力、情绪智力、合作精神等领导特质，帮助初中班主任提升领导力。

（二）领导权变理论

心理学家菲德勒于 1962 年提出了一个“有效领导的权变模式”，即菲德勒权变模型，他结合领导特质理论和领导行为理论，认为二者应该与情境因素结合在一起研究。1973 年，倡导民主领导类型的弗鲁姆和耶顿提出了领导参与模型，认为领导者应该在不同情境因素中，让组织成员适度地参与决策，主张把领导行为类型和参与决策、情境因素进行结合。到 20 世纪 80 年代中期，美国心理学家巴斯把领导行为划分成了三个维度：第一个维度是个性关怀、挖掘智力的变革型领导行为，第二个维度是注重当下效率的交易型领导行为，第三个维度是放任自流的放任型领导行为。巴斯倾向于变革型领导行为，因为变革型领导行为可用于情境因素处于不利的情况，用途更广泛。

从上述领导权变理论的研究中可以看出，领导行为或领导类型都离不开情境因素，领导者发挥领导力，不仅跟领导者的特质、领导行为、领导类型等自身因素有关，还与客观情境有关。初中班主任所处的环境主要是与师生交往、与同事相处、与校级领导汇报沟通、与家长沟通交流等不同人际情境，以及学校组织文化这个大环境。

初中班主任提升领导力不仅要关注内在的个人特质、个人领导类型，还要关注外在的学校文化、同事人际关系等多种情境因素。班主任的领导者身份不是一成不变的，会随着情境变化而变化，可能在这个班级活动或学校活动中是领导者，在另外一个班级活动或学校活动中就不是领导者，初中班主任应该视不同情境而灵活应变。

（三）道德领导理论

道德领导理论最初仅在企业之内研究，企业内实施的道德领导一般在设定目标时会具体量化，学校效仿这种做法，便导致了“唯分数论”的不良现象出现。直至1992年，萨乔万尼出版《道德领导：抵及学校改善的核心》一书，才有了专门适用于学校的道德领导理论，一经发表就迅速引起领导学界和教育学界的广泛关注。萨乔万尼认为，学校是一个特殊的场域，学校领导者除了关注传统道德领导者的技术权威、科学权威和心理权威，还应该关注教师的道德权威和专业权威，在帮助教师提升管理水平和领导水平的同时，学校也实现了从涣散组织到专业共同体的转变。他认为学校道德领导理论所提倡的“树立目标”，应该从价值观、道德观等精神文化层面去设定目标，注重培养教师和学生的人生观、价值观以及道德观。萨乔万尼同时还指出，组织和共同体之间的不同在于管理方式：组织是依靠外部规章制度进行硬性管理，而共同体是以根植在共同体成员内心的共同目标和共同价值观来进行管理。道德领导理论颠覆了传统上把学校当作“组织”的看法，而是主张把学校看成是“学习共同体”，这是道德领导理论的立本之源。

企业的目标是实现最大化盈利，而学校的目标是以人为本，促进每一位学生全面发展。学校道德领导理论为提升初中班主任领导力奠定了坚实的理论基础。班主任担任着教书和育人的双重使命，在向学生传授知识的同时，还要对学生进行思想品德教育，这既是道德领导理论的精神内核，也是素质教育改革的要求。因此，班主任在提升自身领导力的同时，还要重视强化专业能力和道德影响力。

另外，道德领导理论倡导建设共同体，在共同体成员的个人愿景中，寻找最大公约数，形成共同体的共同愿景，那么每一位组织成员都愿意为实现这个共同愿景而努力。道德领导理论从这个角度启示我们，学校应该建立互助合作、和谐友好的学习共同体，加强初中班主任群体之间的经验交流与工作合作，形成组织成员的共同愿景，使每一位组织成员都自发自愿地为学习共同体的共同愿景而努力奋斗。这不仅可以帮助初中班主任提升领导力，还可以使学校管理更富有人性、更高效。

（四）分布式领导理论

20世纪50年代，社会心理学家吉布在行为研究测验中提出了分布式领导的组织架构图，但一开始并未受到重视，直至 20 世纪 90 年代的中后期，另外两个理论的出现才使得分布式领导理论引起关注。一是彼得·圣吉的学习型组织模型。彼得·圣吉将学习型组织模型归纳为不可分割的五项修炼，当中提及的“去中心领导者”体现了分布式领导理论的思想。二是萨乔万尼的学校道德领导理论。他强调领导不应该是校长个人的专属，而应分布到所有教师中去，在教师群体中培养领导者，然后对教师领导者实施领导。直至 1996 年，哈里斯明确提出分布式领导理论。他认为学校领导不应该集中在学校组织层面，而应分布在学校组织中的每一位教师中，实施分布式领导就是要挖掘出组织中所有教师的最大潜力，让每一位教师都有参与决策权和领导权。

分布式领导强调领导者不应该独霸领导权，而应以开放合作的态度，授权给组织成员，鼓励所有组织成员都参与进来。这在某种程度上极大地提高了组织成员的积极性，增强了他们参与决策的意识，能够充分发挥团队成员的集体智慧。初中班主任是领导者，然而现实中，初中班主任的身份通常是学校政策和学校管理的执行者和实施者，这显然不利于初中班主任提升领导力。

基于分布式领导的理念，学校领导层应该把领导权分给每一位初中班主任，让初中班主任在学校管理当中有参与权、决策权和领导权。一来可以强化初中班主任的主人翁意识，帮助初中班主任提升领导力；二来可以使班主任弥补或协同中层领导、校级领导，共同促进学校的建设与发展。

（五）教师专业发展理论

1966 年，联合国教科文组织发布《关于教师地位的建议》，首次强调教师是一种专门职业，需经过严格专业的培训并取得一定资格，才能成为教师。1994 年，我国颁布《教师法》，首次从法律层面确定了我国教师的专业地位。教师专业发展至今，学术界对其展开的研究有很多，几乎囊括了教师发展的各方面，以下主要从教师专业发展内涵、教师专业发展阶段和教师专业发展途径来阐释教师专业发展理论。

教师专业发展内涵是指一个新手教师经过建立专业理想、拓展专业知识、提高专业能力到形成专业自我，逐渐成为一名专家型教师的过程。教师专业发展可以概括为以下五个阶段：一是教师教育前期的非关注阶段，二是教师职前教育时期的虚拟关注阶段，三是教师刚刚从事教育时期的生存关注阶段，四是教师进入稳定持续的发展时期的任务关注阶段，五是教师受外界因素干扰最低、开始谋求自主专业发展的自我更新关注阶段。教师专业发展途径主要有三个：一是通过教育培训学习专业知识的理智取向，二是通过反思教育教学实践活动获得智慧的实践—反思取向，三是依赖学校组织文化支持的文化生态取向。

从教师专业发展内涵、发展阶段和发展途径可以看出，教师专业发展是教师从青涩到成熟、从低阶到高阶的发展过程。在这一过程中，教师只有不断通过自我学习和依赖外部学校组织文化，才能发展成为专家型教师。班主任应提升自身素质和能力，依托学校组织文化提升领导力水平，这与教师专业发展不谋而合。

从教师专业发展内涵、教师专业发展阶段和教师专业发展途径可以看出，教师专业发展和初中班主任领导力的培养是相互补充、相互促进的关系。初中班主任在提升自身领导力的同时，也促进了自身的专业发展。可见，初中班主任领导力培养和教师专业发展互为前提，相得益彰。因此，当我们谈初中班主任领导力的时候，就不能对教师专业发展理论避而不谈，掌握教师专业发展理论可以为提升初中班主任领导力提供强有力的理论支撑。

第二节　新时代初中班主任领导力现状分析

本节通过设计调查方案，实施调查，初步了解调查对象及样本分布，对调查方案进行信度检验和效度检验后，得知本问卷测量结果可靠稳定，测量结果与调查内容的吻合度很高。

一、初中班主任领导力的调查结果

本节将回收的255份有效调查问卷作为总样本，运用统计分析软件SPSS 23.0的频率分析法、比较均值法、t检验和方差分析法来分析初中班主任领导力的基本情况。

（一）初中班主任领导力的基本情况

1. 初中班主任领导力的总体描述性分析

本书将初中班主任领导力总体上划分为感召力、前瞻力、学习力、组织力、决策力、教导力和评价力共7个维度，合计设置了37道题，每道题的得分从高到低是5分至1分。以回收的255份有效问卷作为总样本进行统计分析，从得分可以反映出学生对个体项目的认可和支持的程度。经过对调查问卷和基本情况的统计分析，初步得出以下结果：

通过计算变量和频率分析，初中班主任领导力的平均分为3.9988（满分5分，约为百分制的79.9分），表明初中班主任领导力的总体状况达到了中等偏上的等级水平。从每个维度的平均分来看，评价力的平均分最高，为4.1167分（约为百分制的82.3分），前瞻力的平均分最低，为3.6769分（约为百分制的73.5分）。7个维度的平均分从高到低依次为：评价力＞组织力＞感召力＞学习力＞教导力＞决策力＞前瞻力。从初中班主任领导力的两大类构成要素来看，非权力性领导力的平均分较低，为3.9600（约为百分制的79.2），权力性领导力的平均分较高，为4.0279（约为百分制的80.6分）。

2. 初中班主任领导力的具体情况分析

（1）感召力水平。在初中班主任领导力的调查中，关于感召力这一维度，从信念、知识、品格、修养等个人魅力特质综合设计了5道题。本次调查结果表明，样本中被试的平均得分为4.1067（约为百分制的82.1分），在初中班主任领导力的7个维度中排名第三，说明初中班主任领导力的感召力还有提升空间。

（2）前瞻力水平。关于前瞻力这一维度，本研究调查问卷从社会教育、学校规划和学生发展三方面综合设计了5道题。本次调查结果表明，前瞻力的平均得分为3.6769（约为百分制的73.5分），在初中班主任领导力7个维度中，排名倒数第一，说明初中班主任领导力的前瞻力水平较低，有待提高。

（3）学习力水平。基于初中班主任学习的内外部因素，本调查问卷在学习力这一维度综合设计了5个调查题目。调查结果表明，学习力的平均得分为4.0965（约为百分制的81.9分），在初中班主任领导力7个维度中，排名居中，说明初中班主任领导力的学习力还有提升空间。

（4）组织力水平。在初中班主任组织力这一维度中，笔者从制定教学计划、掌控课堂纪律和氛围、学生参与活动的积极性、选用班干部等方面综合设计了6道题目。调查结果表明，组织力的平均得分为4.1105（约为百分制的82.2分），在班主任领导力7个维度中，排名第二，说明组织力在初中班主任领导力中处在上游水平，还可以再往上提升。

（5）教导力水平。针对教导力的范畴，本研究调查问卷设计了5道题。调查结果表明，教导力的平均得分为4.0902（约为百分制的81.8分），在班主任领导力7个维度中，排名第五，说明初中班主任领导力的教导力水平还有待提高。

（6）决策力水平。本研究问卷针对决策力这一维度，综合设计了7个调查题目。调查结果表明，决策力的平均得分为3.7941（约为百分制的75.9分），在班主任领导力7个维度中，排名第六，在权力性因素中排名最后，说明初中班主任领导力的决策力水平较低，亟需提升。

（7）评价力水平。针对评价力这一维度，综合设计了4个调查题目。调查结果表明，决策力的平均得分为4.1167（约为百分制的82.3分），在班主任领导力7个维度中，排名第一，说明初中班主任领导力的评价力水平良好。

（二）初中班主任领导力的差异性分析

从初中班主任的性别、学历、教龄、职称、职务、所教年级和学校类型等背景层面来分析班主任领导力的情况，目的是更深入探讨领导力在初中班主任之间的差异性，以更好地找到问题的症结所在，提出对应的提升策略。

本部分主要运用独立样本 t 检验、单因素方差分析、LSD 事后检验法。

1. 不同性别的初中班主任领导力差异比较

比较初中班主任领导力在不同性别（二维变量）上的差异，选择的统计学方法是独立样本 t 检验。通过方差齐性检验，初中班主任领导力的决策力 P 值为 0.047，小于 0.05，方差不齐，因此，在分析时，决策力检验需要进行校正。采用 t 检验，结果表明，P 值小于 0.05，说明初中班主任领导力的决策力在性别方面存在显著差异。从统计量看，男性班主任的决策力水平高于女性班主任。

感召力、前瞻力、学习力、组织力、教导力、评价力以及总领导力在方差齐性检验中，P 值均大于 0.05，满足方差齐性检验。且独立样本 t 检验的结果显示，P 值均大于 0.05，说明这几个维度在性别方面都不存在显著差异。

2. 不同教龄的初中班主任领导力差异比较

在初中班主任领导力的教龄层面设计了 4 个变量，即 5 年以下、5～10 年、11～20 年和 20 年以上。分析教龄层面的领导力水平需采用方差分析法。通过方差齐性检验，初中班主任领导力的决策力的 P 值小于 0.05，方差不齐，需进行非参数方差检验；其余维度的 P 值均大于 0.05，满足方差齐性检验的标准，可以进行方差分析。

经过单因素方差分析检验，初中班主任领导力的前瞻力、组织力、教导力和总领导力，各自的 P 值分别是 0.018，0.002，0.018，0.044，均小于 0.05，表明不同教龄的初中班主任，在领导力的前瞻力、组织力、教导力和总领导力这四个方面存在显著差异。其余维度的 P 值均大于 0.05，表明不存在显著差异。

从上述分析虽已了解到初中班主任领导力的前瞻力、组织力、教导力、总领导力等四个方面在教龄上存在显著差异，但无法说明不同教龄之间的差异程度，又因以上四个领导力维度都符合方差齐性检验，因此，采用参数性的 LSD 事后检验法进行多重比较分析。

经 LSD 事后检验的多重比较分析，初中班主任领导力的前瞻力、学习力、组织力、教导力以及总领导力在教龄方面具有明显的差异特征（P 值均小于0.05)。在前瞻力方面，教龄20年以上的初中班主任高于5年以下的初中班主任；在学习力方面，教龄20年以上的初中班主任均高于5年以下和5～10年的初中班主任；在组织力方面，教龄20年以上的初中班主任均高于5年以下、5～10年和11～20的初中班主任，且教龄11～20年的班主任高于5～10年的班主任；在教导力方面，教龄20年以上的初中班主任均高于5年以下和5～10年的初中班主任（P值为0.002，0.021)；在初中班主任的总体领导力方面，教龄20年以上的初中班主任高于5年以下的初中班主任（P值为0.005)。

上述分析表明，初中班主任领导力在教龄方面具有明显差异，20年以上教龄的班主任领导力水平要高于5年以下教龄的班主任，即教龄越大，领导力水平越高。具体的显著差异还体现在前瞻力、学习力、组织力和教导力这四个方面的领导力水平上。

3. 不同学历的初中班主任领导力差异比较

在初中班主任学历背景的问卷中设计四维变量，即专科、本科、硕士和博士。分析这个层面的领导力水平需要采用方差分析法。第一步，通过方差齐性检验，初中班主任领导力以及领导力各个维度的P值均大于0.05，满足方差齐性检验的标准，可以进行方差分析。第二步，经过单因素的方差分析检验，初中班主任领导力以及领导力各个维度的P值均大于0.05，表明初中班主任领导力在学历背景上不存在显著差异。

4. 不同职称的初中班主任领导力差异比较

在初中班主任领导力的职称层面设计了4个变量，即初级、中级、高级和正高级。首先，通过方差齐性检验，初中班主任领导力及每个维度的P值均大于0.05，满足方差齐性检验的标准，可以进行方差分析。其次，通过单因素的方差分析检验，初中班主任领导力及每个维度的P值均大于0.05，说明初中班主任领导力在职称方面不存在显著差异。

5. 不同职务的初中班主任领导力差异比较

在初中班主任领导力的职务层面设计了3个变量，即教师（无行政职务)、中层干部和校级领导。首先，通过方差分析法，在职务层面，初中班主任领导力及每个维度的 P 值均大于 0.05，满足方差齐性检验的标准，可以进行方差分析。其次，通过单因素方差分析检验可知，初中班主任领导力及每个维度的 P 值均大于 0.05，说明初中班主任领导力在职务方面不存在显著差异。

6. 不同年级的初中班主任领导力差异比较

初中部包含初一、初二和初三，涉及 3 个变量，使用方差分析法。首先，通过方差齐性检验发现，初中班主任领导力及每个维度的 P 值均大于 0.05，满足方差齐性检验的标准，可以进行方差分析。其次，通过单因素的方差分析检验，初中班主任领导力及每个维度的 P 值均大于 0.05，说明不同年级的初中班主任的领导力不存在显著差异。

7. 不同学校类型的初中班主任领导力差异比较

关于初中班主任所在学校的类型，问卷设计的是二维变量，即农村中学和城市中学，选择的统计学方法是独立样本 t 检验。

经方差齐性检验，初中班主任领导力以及领导力的各个维度的 P 值均大于 0.25，均满足方差齐性检验。独立样本 t 检验的结果显示，学习力和决策力的 P 值分别是 0.022 和 0.020，均小于 0.05，说明初中班主任领导力在学习力和决策力这两个维度存在显著差异。根据统计表可知，在学习力方面，城市中学的初中班主任水平（M=4.1444）高于农村中学的初中班主任水平（M=3.9000）；在决策力方面，城市中学的初中班主任水平（M=3.9935）高于农村中学的初中班主任水平（M=3.7867）。

二、初中班主任领导力的现存问题及原因分析

上述调查结果表明，初中班主任对领导力的认知不足，不同初中班主任存在着形形色色的问题。本节将具体阐述初中班主任领导力所存在的各种问题，并试图从不同角度去分析造成初中班主任领导力发挥不佳的深层原因，为初中班主任领导力提升对策提供依据。

（一）初中班主任领导力的现存问题

通过问卷调查发现，初中班主任领导力的各个维度中，以评价力的得分

最高，访谈结果也表明，大多数初中班主任都能客观评价学生并激励学生进步。由于篇幅有限，暂时不细究评价力方面的问题，主要分析其他得分较低的维度。具体问题如下：

1. 初中班主任对领导力的了解不足

通过问卷调查发现，初中班主任领导力刚好达到良好的等级水平，目前存在的主要问题有以下三方面：

首先，在对班主任领导力的认知方面，发现初中班主任对于领导力的认知较淡薄，对班主任工作没有形成系统的领导理论。

其次，在对班主任领导力的重要性以及如何提升自身领导力方面，发现初中班主任基本能意识到领导力的重要性，但能真正意识到班主任领导力的重要性且积极培养的人不多。

最后，在学校层面，未能重视班主任领导力的培养，缺乏针对班主任领导力提升的专门培训。可见，从班主任自身到学校，都没有认识到班主任领导力对开展班级工作的重要性，都没有足够重视班主任领导力的培养。

2. 初中班主任领导力每个维度存在的问题

（1）感召力：班主任的知识结构不均衡。调查发现，初中班主任的感召力达到了良好的等级水平，总体上没有太大问题，初中班主任比较擅长发挥感召力，他们热爱教育事业，能够以身作则，为他人树立良好的榜样。但是，存在一个突出问题，即大多数班主任表示，最注重积累且掌握得最好的是教育教学专业知识，而对科学文化知识不够重视。在专业知识方面，重视所教学科的知识，而轻视管理学和领导学方面的专业知识，没有形成系统的领导理论，存在着明显的知识结构分布不均衡的问题。

（2）前瞻力：班主任对学校和学生的了解不深，很少建立学生的成长档案。通过问卷调查发现，初中班主任的前瞻力水平处于中等，在领导力 7 个维度中排名最后，是班主任亟需提升的一个领导力维度。根据问卷调查结果进行访谈，发现初中班主任的前瞻力主要存在两个问题：

一是初中班主任对学校的发展特色和发展不足了解得不深，能够为学校的发展主动提建议的更少，特别是年轻班主任，除了客观上的在校时间短，还有主观上认为学校发展建设是校级领导要考虑的事，自己主要是把所带班级管理好，导致教龄短的初中班主任前瞻力水平低。

二是虽然班主任为了更好地开展班级工作，都会通过多种渠道从侧面或正面去了解学生的基本情况，但大多仅停留在表明了解或简单做记录，少有班主任会系统性地建立学生成长档案。

（3）学习力：班主任较少进行反思学习和参加学习培训。经初中班主任领导力调查，发现学习力刚好达到良好的等级水平，在七个领导力维度中处于居中水平，且教龄在5年以下的班主任的学习力水平低于20年以上的班主任的学习力水平，农村中学班主任的学习力水平低于城市中学班主任的学习力水平。具体体现在以下两方面：

一是写工作反思总结日记的占少数。特别是年轻的班主任，知道反思的重要性，但是能做到以书面形式进行反思学习的很少，通常仅在学期末或者年终总结时才做总结反思，或大多仅停留于在头脑中回想反思，反思学习方式较为单一。

二是参加学习培训活动的很少，或者培训质量不高。在访谈过程中发现，农村中学的初中班主任参加培训学习的机会较少，一般是一学年一次。年轻的初中班主任渴望得到高质量的培训学习。教龄较长的初中班主任较少参加培训。外出培训学习的学习效果不好。

（4）组织力：班主任较少为学生制定计划，选用班干部的能力欠缺。通过问卷调查结果可知，初中班主任的组织力水平在领导力七个维度中排名第三，在管理课堂、组织教学活动和沟通协调这三个层面表现出相对良好的组织力，但在制定学生成长计划和任用班干部方面还有所欠缺。具体问题如下：

一是较少有班主任会为学生制定长远的成长计划。在访谈中发现，大多班主任在为班级制定计划时主要集中在短期目标上，在为学生制定计划时大多停留在每次考试结束后的学习计划层面，少有初中班主任为班级和学生制定长远而全面的成长计划。

二是在任命和选用班干部方面，选人、用人、育人和考察的每一个环节都很重要，然而大多数初中班主任重在选人方面，忽视了育人这一重要环节。

导致班干部这个“小领导”没有在班主任和学生之间充分发挥承上启下的作用，这无疑增大了班主任开展班级管理的工作难度。

（5）教导力：班主任对“问题少年”的教导效果较差。通过问卷调查结果可知，初中班主任教导力的水平在领导力七个维度里排名第五，在德育教育、因材施教、正向引导学生发展等方面，都做得比较好，而在教导“问题少年”方面还存在着很大问题。

被调查的班主任表示，当发觉学生有问题时，很乐意去找他谈话进行教育。如果学生情况简单，教育效果还不错；如果学生情况比较特殊复杂，沟通就难以触及学生心灵深处，教育效果就不尽如人意了。

（6）决策力：班主任较少评估决策风险和做决策预案。通过问卷调查发现，初中班主任领导力的决策力排名第六，存在很多问题。

首先，在做决策预案方面，较少班主任会事先预估风险并做好防范准备，偶有意外情况发生时，因没有备案计划及时顶替而出现混乱现象。其次，部分班主任表示，在做决策时容易受情绪控制和影响，以至于做决策时会犹豫不决，甚至没能在保持头脑冷静的时候做出最佳选择。最后，在面对学生之间的冲突，解决和同事之间的问题时，被调查的初中班主任表现一般。综合人口学背景调查发现，农村初中班主任的决策力水平低于城市中学的。

教龄短的初中班主任和教龄长的初中班主任在学生管理方面的决策方式有所不同。教龄长的班主任在管理学生时，通常会凭借经验评估学生的能力和问题，遇到意外情况发生时也更冷静；相较而言，教龄短的班主任既缺乏经验又没有决策理论和方法的指导，发生意外教学情况时就无法做到冷静自如。

（二）初中班主任领导力现存问题的原因分析

了解初中班主任领导力所存在的具体问题后，我们需要进一步分析其成因。唯物辩证法提出：任何问题的出现，一般是内因和外因共同导致的。造成初中班主任领导力问题的原因也不例外，除了初中班主任自身因素外，还有学校和组织文化方面的外因。

1. 班主任自身在领导力上存在认知偏差

在调查问卷最后的开放题中，对于“您了解班主任领导力吗？请略谈一二”这个问题，答案五花八门，要么是直言不太了解，要么是把班主任的领导力误以为是管理能力，如有回答“管理好班务工作，统筹协调好班主任与任课教师、学生、家长的关系”“管理学生、管理班级的能力”等。可见，初中班主任对领导力的认知存在着偏差，这是导致初中班主任领导力水平不高的根本原因。

在访谈时，就初中班主任对领导力的认知进行了调查，发现还有部分初中班主任对领导力的认知产生了错位，认为领导力是校长、教导主任等人的事，班主任只是执行者，只需管理好一个班级的学生，把学生成绩提上去，让家长和学校放心，对于自身的领导能力没有特别重视，因此，疏于提升班主任领导力，疏于关心学校的发展规划。

在调查中发现，学校对初中班主任的培训较少，特别是针对班主任领导力的专题培训更少。笔者认为，这是导致初中班主任领导力水平较低的一个重要原因。由于初中班主任未受过领导力的专业化培训，导致大多数班主任没有领导力的概念，缺乏系统的领导力知识和理论，还是以传统的管理理念带班，凭经验进行教育活动，以至于初中班主任没有正确的领导力认知来指导实践活动。

2. 班主任教育培训制度不健全

提升班主任领导力仅靠班主任自身摸索学习将是一个漫长而曲折的过程，要有专业化和系统化的培训对班主任进行引导及培养，才能促使班主任快速且高效地成长。但是目前专门针对班主任的培训本身就不多，还存在着培训机会不均等现象。主要原因有两个：

第一，由于部分学校以应试教育为主要工作，认为能带出好成绩的班主任就是好班主任，忽视班主任专业化发展，轻视班主任培训学习。虽然部分学校有针对班主任开展的培训，但培训内容通常以教育教学和班级管理为主，目的是提高学生成绩以及更好地管理班级，而且主要面向年轻没经验的班主任群体。这种单一重复的培训内容，对教龄大的班主任吸引力不大。很少有关于提升班主任领导力的专题培训，导致初中班主任提升领导力缺乏学习保障。

第二，无论是问卷调查还是访谈调查，发现初中班主任接受培训学习的频率和质量都不容乐观，尤其是农村的初中班主任，培训学习远低于城市中学。主要原因有两方面：客观方面是因为分配给农村中学的培训资金或培训讲师不到位，或因农村中学地处偏远，导致农村中学的班主任培训不能保质保量地进行；主观方面是部分农村中学的班主任由于家务繁忙，特别是在农忙时节，不能很好地协调好个人家庭和工作学习的时间，导致农村中学的初中班主任不能很好地接受培训学习。

3. 班主任工作考评与激励措施薄弱

促进班主任专业化发展和班主任领导力提升，考核评价是重要的一环。然而，在调查的过程中，发现部分学校没有制定出一套针对班主任工作考核和评聘的科学方案，这在某种程度上制约了班主任的专业化发展和工作积极性，缺乏职业幸福感，这势必会影响班主任领导力的发挥。或者在某些重要环节，对初中班主任的工作缺乏考核。如在调查中发现，比较少有班主任会为学生制定成长方案或写反思性笔记。虽然大多数班主任都知道其重要性，但能做到的很少。原因之一是学校没有在这些方面进行考核，导致部分班主任有了偷懒的想法。

一般而言，制定班主任考核表的主体主要是学校中层干部以上的管理层，无法代表广大班主任群体的根本利益。针对班主任的考评，很少有将班主任领导力纳入班主任工作的考评范围，无法全面体现班主任的知识和能力。在考评方式上，部分学校强调严密而强制性的量化评价指标，为完成考核工作，班主任不得不成为学生实施学校规章制度的监督者，无法彰显班主任的民主作风。在考评结果上，奖罚不明确、不公平，削弱了优秀班主任的工作积极性。

此外，初中班主任领导力的提升跟学校的激励措施也有很大关系，学校领导应该代表学校的立场对班主任及时进行肯定与激励，物质激励和精神激励相结合，个人奖励和团队奖励相结合。然而，很多初中班主任表示，在平时很少见到校级领导，通常是出现重大教学事故才会见到校级领导，班主任的薪资也远远达不到期望值，导致初中班主任的工作热情不够高涨，提升班主任领导力的动力不足。

4. 班主任工作组织文化缺失

首先，在学校里，良好的教师人际关系和团队文化可以帮助班主任顺利开展工作，提升领导力，反之则会起阻碍作用。然而，在调查中我们得知，比起处理与学生的人际关系，初中班主任不太擅长处理教师同事间的人际关系，主要原因是在每次评奖评优时可能是由于学校论资排辈和平均主义的文化制约了班主任和教师团结互助、分享合作的团队文化建设。此外，有些教师虽然认可班主任的优秀，但不愿意被班主任所领导，认为教师和班主任都是平起平坐的关系，这也导致有些班主任担心被同事孤立，不愿在同事间担任领导者的角色。

其次，在学校之外，家庭是学生生活的第一场所，家庭教育是人生教育的起点，作为学校教育的补充，家庭教育具有不容忽视的地位。因此，要充分发挥家庭教育的作用，保障学生身心发展，这样有利于班主任工作的顺利开展。然而，在当今社会结构急剧变迁的环境下，离婚率攀升，留守儿童增多，网络游戏的风靡，已成为影响学生身心健康发展的重要因素，从而影响初中班主任进行学生工作，成为影响初中班主任领导力提升的重要外因。

第三节　新时代初中班主任领导力提升路径

班主任在班级中所担任的角色是什么？是班级的管理者、服务者还是领导者？从领导学的角度看，班主任是班级的领导者。为更好地带领班级前进，班主任需要提升领导力。

一、班主任领导力提升的内容

班主任领导力的提升涉及多个方面，其中，把学生培养为追随者、构建班级的共同愿景、促进班级教育公平、创新工作方式方法是班主任领导力提升的重要内容。

（一）把学生培养为追随者

领导者对应的不是被管理者、被领导者、被服务者，而是追随者。追随者对领导者的追随不是被动的，而是心甘情愿的自觉主动行为。现行的学校分班是学生入学时随机划分的，班主任进入班级也是被安排的，师生之间都没有选择。因此，班主任与学生之间的关系并不是天然形成的领导者与追随者的关系，而首先是一种职务上的关系。班级里的学生对班主任会有不同的态度，有的是支持者、拥护者，即追随者；有的则是中立者，随大流，未必真心认同班主任；有的则是班主任的敌对者、反对者。班主任领导力体现在：把中立者、敌对者、反对者培养成自己的追随者。班主任要获得学生的认同与追随，就需要在组织安排的班级构架下做好学生工作，为此，班主任要特别注意以下两个方面：

第一，加强对学生的理解。知人善任是领导者必备的且是最为重要的能力之一。“知人”是一切领导活动成功的前提。深切地理解学生而不仅仅是了解学生，这是领导者和追随者关系建立的前提。班主任作为班级发展和学生个人发展的负责人，全面而深入地理解学生才能知道学生有何深层次的需要，进而给予他们关心与帮助。当班主任能够理解学生时，学生就会认同班主任，从情感上亲近班主任，进而逐渐成为班主任的拥护者、追随者。

第二，善于激励学生。激励是领导学的重要学问，善于激励是领导力强的重要表现。班主任对学生的激励主要表现在两个方面：一是对学生进行目标激励，指明个人发展的方向。学生在发展过程中，未必知道自己要什么，会对未来和前途有种迷茫。此时，班主任要根据每个学生的个性、爱好、特长等，为他们指明个人发展的方向。这既是对学生发展的帮助，同时也为学生树立发展的目标，形成对学生的目标激励。二是善于激发学生的各种潜力。我们都知道，学生是发展中的人，他们身上具有巨大的发展潜力。班主任不应该仅仅是园丁，为学生的成长除草、浇水、施肥，班主任更应该是一个燃梦者，点燃学生渴望成长，成为更好的自己的梦想，激发出学生的各种潜力，使学生全面发展，成为自我实现的人。一旦学生的梦想被点燃，学生就会发挥出极大的能量，而同时班主任的领导力也可以得到彰显。

（二）构建班级共同愿景

领导者不仅需要追随者，更需要通过组织目标来凝聚整个团队。班级集体的形成并不是众多个体的简单集合，而是众多个体形成共同的目标追求、价值理念、行为方式等的过程。健康的、富有生机和活力的班集体的发展，必须具有共同的合力。构建班级发展的共同愿景，是班主任把个体的追随者凝聚成团体力量的重要方式。苏联著名的教育家马卡连柯分析了儿童集体形成的阶段，提出了前景教育原则，即通过经常在集体和集体成员面前呈现美好的“明天的快乐”的前景，推动集体不断向前运动、发展，永远保持生气勃勃的旺盛的力量。他所说的前景，就是为班级描绘美好的共同的发展愿景。班主任一方面要根据班级的实际为班级确定明确而美好的愿景；另一方面要不断地强化这种美好的愿景，让它成为全体班级成员共同追求的方向、齐心努力的目标。当班级里的所有成员都心往一处使、劲往一处用的时候，强大的班集体就形成了，而班主任的领导力也就体现出来了。一个一盘散沙的班级，怎么能够体现班主任的领导力呢?

（三）促进班级教育公平

班主任如果不能保持班级工作的公平就无法获得大家的认同与追随。班级生活中离不开公平。我国的教育法律法规中提出公民不分民族、种族、性别、职业、财产状况、宗教信仰等，依法享有平等的受教育机会。教师要公平公正地对待学生，但在现实的教育实践中，仍然有些教师不能做到这一点。班主任手中往往握着各种各样的权利，比如分配各种机会荣誉等。有的班主任因为学生是借读生、非本地户口、贫困生、学困生、相貌丑、太调皮等种种原因而歧视学生，把各种好的机会留给自己喜欢的或者与自己有利益关系的学生。当班主任处事不公时，学生还会信任他吗？其实，班主任公平不公平，学生的心里是很清楚的。班主任处事不公平的结果是，学生公平接受教育的权利受到了侵害，同时班主任的威信也将遭受质疑。因此，作为班主任，要高度重视班级工作中的公平。教育公平的关键是机会公平，班主任须把各种机会公平地分配给每一个学生。不论学生是怎样的，只要他在自己的班级里，他就是班级里的一分子，他就应该受到公平公正的待遇。班主任公平公正地对待每一个学生，就会在学生心目中树立起公平公正的形象，赢得学生的尊重和信任，从而提升自己的领导力。

（四）创新工作方式方法

学生的需求总是多样的，学生的个性总是多元的，然而现实的教育却往往通过统一的、一刀切的方式进行，结果是教育限制了学生的发展，也泯灭了学生的个性。班主任如果在工作中墨守成规，只是一个劲地对学生进行一刀切式的严格控制，那么不仅无法得到学生发自内心的认同，赢得学生的尊重与追随，而且会妨碍学生的健康成长。班主任工作是一项富有挑战性和需要创新性的工作。班主任要根据教育的培养目标、学生的实际需求和时代的发展变化，不断创新班级工作的方式方法。对教育而言，新奇的教育方式方法就是教师教育智慧和创新性的表现，本身就具有教育的价值和意义。这样说，并不是说不要班级常规，常规当然是要坚持，但同时要通过富有教育智慧的、个人特色的方式方法来满足学生多元多样的发展需求。当学生的多元需求被新奇的方式方法所吸引时，教育的领导力就显现出来了。

二、班主任领导力提升的路径

班主任领导力的提升主要依靠各种活动。活动中班主任自身的能力得到锻炼，自身的魅力得以展现，同时与各方面的关系得到协调，不知不觉中领导力就会得到提升。

（一）在班级活动中提升领导力

一个班级的凝聚力来自哪里？相当一部分来自班级活动。通过活动，班级成员之间得到更多的交往合作、磨炼提升。班级活动给班级带来生机和活力，同时增强了班级成员之间的凝聚力。因此，班主任要积极设计开展各种富有特色的班级活动，通过活动把班集体紧紧地凝聚起来。而班主任的领导力就体现在对班级活动的策划、组织、实施、评价等全过程中。班级活动策划巧妙、组织得当、实施顺利、评价公正，班主任的领导力则得到了锻炼，得到了提升。当然，班级活动不当，也会削弱班主任的领导力。因此，班主任既要多组织班级活动，也要重视班级活动的质量，在高质量的班级活动中提升自己的班级领导力。

（二）在学校活动中提升领导力

学校有时会组织一些全校性的需要教师参加的活动，比如体育比赛、文艺演出、演讲比赛等。班主任要积极参与这些活动，并力争在活动中有出色的表现。这里所说的出色的表现，既包括获得好的名次，也包括虽然未获得好名次，但确实有令人佩服的表现，如表现出坚强的毅力、顽强的拼搏精神等。班主任在学校活动中的出色表现不仅会赢得班级学生的佩服，也会赢得全校师生的赞赏。这会提升班主任的魅力，有助于班主任成为魅力型领导者。这种魅力不是来自职位职权，而是来自知识技能，是领导者软权力的重要来源。班主任软权力的提升是领导力提升的重要方面，值得特别关注。班级的学生会为拥有在全校具有影响力的、受人尊重的班主任而感到骄傲和自豪。如果学生对班主任产生了这种自豪感，那么班主任的领导力也会随之提升。

（三）与学生交往中提升领导力

班主任领导力提升的另一重要途径是与学生的交往。班主任与学生的交往主要表现在与学生的两种对话中。第一种是集体对话，常表现为班主任对全体学生或部分学生进行面对面的交流，如给全体学生开班会、布置任务等。此时，需要班主任在讲话时，富有条理性，语言简洁，表达准确，同时富有幽默感。学生喜欢富有幽默感的班主任。第二种是个别交流，常表现为班主任与个别学生进行交流，或对个别学生进行教育。此时，需要班主任真诚地对待学生，能够换位思考，想学生之所想，急学生之所急，并能够为学生提供切实的指导或帮助。在与学生的交往中，班主任还要注意因材施教、公平公正等方面的内容。根据不同的情境、不同的学生，给予不同的帮助。如此，班主任的领导力就会得到体现与提升。

（四）与同事合作中提升领导力

班主任领导力的提升还表现为教育合力的增强。因此，需要加强与同事，特别是学科教师之间的合作。这种领导力不是指向对同事的领导，而是意在通过与学科老师的交流沟通提升班主任对班级的领导力。一是与学科教师多交流，及时了解学生学科学习的表现，把握学生学科学习的动态。二是当有些班级工作需要学科教师的配合时，要能够以恰当的方式请他们积极配合。三是需要配合学科教师解决的问题，要及时、积极地给予配合。与同事良好合作的结果是教师之间形成教育合力，共同把班级工作做好。能够把同事们团结起来，这本身是领导力强的表现，而同事之间所形成的教育合力能够把班级工作做好，这又是班级领导力强的表现。在团结同事共同工作，形成教育合力的过程中，班主任的领导力会得到提升。

（五）在家校沟通中提升领导力

班主任的领导力也表现在与家长的交流沟通中，即表现在家校合作之中。班主任要做好与家长的交流沟通，与家长形成教育的合力，共同引导学生、教育学生。一个可以把家长紧密团结在一起的班主任，一定是有领导力的班主任。能够与家长紧密合作的班主任，也才能够更好地对学生表现出领导力。如果家长对班主任工作不认可，就会让孩子不听班主任的话，这样班主任的威信就会受到极大的冲击。如果家长认可班主任及其工作，那么也会帮助班主任共同来推进对学生的教育。此时，不仅会形成家校之间的教育合力，而且班主任也表现出家校合作方面的领导力，在家校沟通合作中，班主任的领导力也随之提升。

（六）在自我发展中提升领导力

班主任领导力的发展，还有一个重要途径就是自己不断地学习，在自我发展中提升领导力。班主任不仅要学习一些领导学、管理学、心理学等方面的著作，还要广泛阅读，学习各方面的著作，开拓自己的知识视野，锻炼自己各方面的能力。班主任的整体素养提升了，班主任的人格魅力、学识魅力、才能魅力等才会增强，才会赢得学生的钦佩，并由此产生领导力。因此，班主任要多读书，多观察，多思考，多请教，多见闻，不断提升自身素养，不断促进自身发展。同时，要注意不断提升班主任工作的水平和能力，走班主任专业化的道路，成为专业的班主任。当班主任成为专业的班主任时，就成了专家型领导，具有专业带来的领导力。

综上所述，班主任领导力提升的路径是多方面的，班主任要注意在各种活动、各种场合、各种交往中锻炼和提升自己的领导力。班主任领导力的提升，既指向班主任自身素养和班主任工作专业水平的发展，也指向班级领导力的发展。总之，每一个班主任都应把自己定位为班级的领导者，带领班级健康发展。

第七章　新时代初中班主任日常管理生活能力提升

第一节　初中班级管理现状分析

班级管理是班主任按照一定的要求和原则，采取适当的方法，建构良好的班级集体，为实现共同目标不断进行调整和协调的综合性活动；是班主任对所带班学生的思想、品德、学习、生活、劳动、课外活动等的管理教育活动。

一、初中班级管理现状

有人说，班主任是世界上最小的主任，可这最小的主任管的事却特别多、特别细。大至教育教学工作，小至扫把、粉笔之类鸡毛蒜皮的小事，样样少不了班主任操心。新课改要求我们要面向全体学生，使学生的思想道德、文化科学、劳动科技、身体心理素质得到全面和谐的提高，个性特长得到充分的培养。这是一项长期的、具有划时代意义的改革。新课改形势下，班级管理方式转变的一个鲜明特点是：由以前关注学生所学的“知识”到现在关注学知识的“学生”。这种关注点的转移，使教学领域的改革取得了较大的成效。然而，班级管理改革却相对滞后，一些不科学、忽视学生自主性、限制学生积极性的管理方式依然存在，滞后的班级管理方式制约着新课改的整体推进。

在目前的初中班级管理中，由于受传统管理观念的影响，部分管理者把学生看作是被管理者，认为自己有绝对的管理权威，导致学生在班级管理中主体参与性不够；而中考的“指挥棒”仍在发挥作用，管理者认为书本知识的学习重于其他各种能力的培养，导致学生学习的愉快程度随年级上升而下降，部分学生对学习失去兴趣；过重的学习压力和老师的统一管理模式，使学生不能更好地发展自己的特长和个性；部分管理者把班级作为一个封闭的系统来看待，认为学生的管教主要靠老师，与家长关系不大，忽视了家庭教育的作用；网络的普及让学生从中感受到了很多新奇的事物，但其中的不良信息也对学生产生了毒害；随着学生身心的发展，以及受到社会上一些不良气息的影响，学生出现各种心理问题。

二、初中班级管理中存在的问题

（一）管理形式僵化

一直以来，学生对班主任的态度更多的是怕，在班主任面前大多数学生都是胆战心惊，不敢说真话。由此导致班主任和学生的关系中，关系一般的占近六成，关系融洽的占三成，关系不太好的占近一成。根据调查，在班级管理中，42％的同学表示积极参与了；6％的同学认为与他无关；52％的学生表示自己想参与，但是没有机会，因为班上的事一般是由班主任说了算，最多也就是征询下班干部的意见，而对于一般学生的想法，老师很少在意。调查数据表明，47％的班规是由班主任一个人完成的，参与班规制定的学生只有33％，20％是由班干部商定的。学生的主体参与性不够，班规的制订不应是班主任个人的事，而应该是全体学生在班主任的指导下共同完成。

据《中小学班级管理现状的调查研究》提供的资料，322 名被调查的中小学生没有一人参与过制订班务计划或总结工作，67％的学生根本没有听过或见过计划或总结，58%的班主任从心理上认为这项工作没有必要让学生参与。

据《中小学班级管理现状的调查研究》一文提供的资料，在班级管理的方法中，以批评教育为主的占59%，以情感沟通为主的占19%，以实践锻炼为主的占14.3%，以心理疏导为主的占7.6%。可见，在教育方法上，使用最多的仍是批评教育。

我们知道，教育不能拒绝惩罚，但许多班主任忽视了它的负面影响，批评教育、惩罚毕竟是一种被动消极的教育手段，有时候非但不能达到良好的教育目的，反而会伤害学生的自尊心。对班主任来说，选择恰当的教育方法非常重要。

（二）学生综合能力低下

笔者的调查结果显示，78%的学生表示，班主任最关心的是他们的学习成绩。在访谈中，笔者还经常听到诸如“我们班的班干部都是成绩好的同学”“老师就喜欢那几个成绩好的”等，说明多数班主任仍然把学习成绩作为衡量学生优劣的标准。

（三）忽略学生个性的发展

对于班级管理，52%的学生认为可以让学生自主管理，42%的学生认为不能。35%的老师认为班级管理应该是班主任作主，26%的老师同意学生自主管理，35%的老师认同班主任指导学生进行班级管理。

在对待后进生、问题学生的问题上，大多数班主任能一视同仁，但在对学生的教育过程中缺乏爱心和耐心，而学生则更希望老师能给他们更多的鼓励，激发自己不断向前进。

（四）管理途径单一

大多数班主任都能认识到家庭教育对学生的影响，主动与家长联系，但存在较多有事才联系的情况。家长也能对孩子进行教育，但花的精力还远远不够，部分家长甚至认为教育孩子主要是老师的责任。老师和家长的联系内容中，学习成绩又占主要部分。

（五）网络的负面影响

在被调查的学生中，大多数学生有上网经验，他们上网时“聊天”和“打游戏”的占绝大多数，“查资料看新闻”的仅占不到七分之一。也就是说，他们通过网络主要是玩，而很少将网络作为学习的手段。北京市未成年犯管教所副所长介绍，他们曾对北京市未成年犯管教所中关押的500多名失足少年进行了调查，结果，有28.2%的失足少年经常去网吧上网聊天、玩游戏或浏览色情内容，因在网吧玩网络游戏或浏览黄色网站而直接导致犯罪的占33.5%。大部分学生都有运用虚拟的身份同他人交往或在网上说谎的经历，6.7%的中学生坦言自己有过“网恋”行为。

（六）心理问题越来越多

32%的班主任认为心理健康教育很重要，52%的班主任认为有点作用，16%的班主任认为可有可无，说明大多数班主任已经开始认识到心理健康教育对学生的影响。今天的初中生大多是家中的“独苗”，有较丰裕的物质环境，家庭长期的娇生惯养形成了他们个性上的很多缺陷，如爱空想、固执、“自我中心”过强、意志薄弱、动手能力较差等。正如青少年教育专家孙云晓在他的一次调查报告中所指出的，独生一代在个性发展上有6大问题，分别是：独生子女“缺少创造性”（33.2%）、“勤劳勤俭较差”（30.9%）、“个人信用较差”（24.4%）、“进取精神较差”（23.2%）、“缺少独立性”（20.4%）、“学习不努力”（18.4%）。有次开完家长会后，班上有一个学生的家长留下向我告状，说她的女儿最近一段时间特别不听话，经常与家长对着干，家长一管她，她就嫌烦，父母对她一筹莫展。据报道，近年来，我国中学生心理疾患发病率呈直线上升趋势。目前，35%的中学生具有心理异常表现，其中5.3%的中学生存在抑郁症、恐怖症、强迫症等心理疾病。

三、存在这些问题的原因分析

（一）班主任的“人治”管理，忽视了学生的自主性

目前，学生管理工作中存在一个非常突出的问题，即教师很辛苦，学生很痛苦。部分班主任，特别是青年班主任，精力旺盛，干劲十足，常常是起早贪黑，不辞辛劳，大事小事都要管，想方设法把工作安排得井然有序。制定了严厉的班规，并与惩罚的后果相结合，告诫学生该做什么、不该做什么。从早晨进校到放学离校，每个项目都有严格的规定。如上课迟到早退、看小说、玩手机扣 2 分，课间在教室里喧闹扣 2 分，作业不交扣 3 分，卫生打扫不干净扣 1 分。从这些条条款款可以看出，班规从“禁止”“不准”的角度出发，把学生牢牢框在一个方框内。这种班级管理模式强调对学生的管制，过分地寻求管理的技术和程式。“一切为了学生，为了学生的一切”体现了新形势下学校的办学理念，充分诠释了班主任为学生服务的宗旨。但深刻反思目前班主任工作现状，班主任像监工一样随时监视着学生的一举一动，学生只需要听从教师的安排，认真看书、听课、做作业，对于班级管理，学生无权过问。在这种“人治”管理方式下，班主任把学生看成管理的对象，把班级看成是“我的班级”，常常按照自己的主观愿望、自己的想法处理班级事物。学生少有发言的权利，参与的机会也少，更不用谈主动性、积极性、创造性的发挥。这种班级管理中“管与被管”的局面既不利于班主任进行班级管理，也不利于学生的全面发展。

（二）受应试教育的影响，忽视了对学生综合能力的培养

我国的传统课程强调的是学科中心、知识本位。法国社会学家布尔迪厄深刻地指出：教育是阶级再生产的机制。在我国，教育的选拔性功能压倒了社会化功能，教育成为个人向上层社会流动的途径、为家族带来荣耀的机会。尽管素质教育推行了很多年，但家长“学而优则士”的观念依旧根深蒂固，面对家长对有限优质教育的强烈渴求，以及社会太过功利的价值取向的教育

氛围，一些学校还是在进行应试教育。

应试教育是以升学考试为目的的一种淘汰式的教育，它主要是培养少数“尖子生”，而大多数学生充当了“陪读”，同时，应试教育的内容也偏重于升学考试科目的理论知识，忽视了对学生其他能力的培养。其实，人的能力包含很多，如人际交往的能力、灵活处理问题的能力、综合分析能力、获取信息的能力、思维能力、自学能力、实验与探究能力、创新能力等，而目前我们的教育更多关注的是学生的学习能力。21 世纪的教育强调培养学生的自主、自立与自强精神，强调“以人为本”与学生的主体性教育，要求学校教育要培养具有个性的创新型人才。目前的这种管理模式，在成绩上与纪律上似乎有一定成效，但它抑制了学生的自主性与创造性，学生很多方面的能力都得不到锻炼，不利于培养全面发展的竞争性人才。

由于不少班主任自己也是在传统的教育管理下成长起来的，所以在他们的内心深处，专制型的教育管理思想根深蒂固，认为学生就该好好学习，其他的都不重要。在应试教育的导向下，考什么就教什么，不考的就不教。学校一味追求升学率，也给班主任带来了巨大压力，教师的工作业绩、评优晋级、年终考核等，都与学生的分数挂钩。加上家长方面的压力，使得班主任不得不放松对学生全面发展的要求，仅仅重视维持班级秩序，两只手都抓成绩，只关心学生的分数。有些老师甚至不考虑学生的实际能力，对学生一味提出高要求、施加高压力，当学生不能承受这种压力时，必然就会消极抵制与反抗，出现逃课、逃学现象。

（三）师控型的班级管理模式，抑制了学生个性的发展

传统的“师控”式的班级管理模式，让学生只是班级事务的旁观者或被动者，很少有发言权。也正因为学生缺少自主的机会，创造力被极大地压制，不能获得良好的发展。一些老师认为不出事、成绩又好的学生就是“好学生”，认为有个性、不好管教的学生就是坏学生，很少换一个角度去思考，让学生充分发展自己的个性。一些班主任注重传授知识，这在本质上是一种灌输式教育，把学生变成了“容器”，变成了任由教师灌装的“存储器”。尽管

有些学生身上有许多缺点，但他们在某一方面也有特长，或对某一项活动感兴趣。一般情况下，那些不爱学习、淘气好动的学生，往往在音、体、美等方面有不俗的表现。班主任的控制管理造成多数学生只会服从和循规蹈矩，依赖性强，创造性、独立性差，缺乏自我教育与管理能力。管理主义倾向的最大危害在于对学生个性的忽视和对创造精神的抹杀，学生独立意识的缺失、逆反心理的萌生、师生代沟的形成以及创造精神的匮乏，无不与过多的控制式管理有关。理想的教育应该是培养全面和谐发展的人，是能够适应不同社会生活的人，而不是一个个考试的机器。丹麦哲学家克尔凯郭尔曾经讲过这样一个故事：一个对野鸭着迷的人，每天到他的池塘边去喂野鸭，看着这些野鸭每年往南飞。几年以后，由于他的喂养，野鸭不再南迁了。又过了几年，他们甚至失去了飞行的能力，变得像家鸭一样只会在池塘里戏水了。对此，克尔凯郭尔认为，你可以将野鸭驯养成家鸭，但是你却永远不可能将家鸭变成野鸭。

（四）家庭教育缺失，学生成长成了学校单方面的事

在目前的班级管理过程中，由于受传统管理观念的影响，部分管理者把班级作为一个封闭的系统来看待，认为班级管理就是对班内成员的管理，与别的班级、社会与家庭关系不大。尽管一些学校组建起了“家长委员会”，但未能有效地激发家长的参与热情，只是单方面地向家长提出要求，请求家长配合，而很少让家长真正参与到学生的管理中来。每学期召开的一两次家长会，许多家长由于多种原因无法出席。学生出了严重问题的时候，班主任才与学生家长打交道，往往是训斥得多，沟通交流得少，这就无从谈及家庭与学校的合力。

现在很多家长对孩子非常溺爱，导致孩子任性、意志薄弱、怕苦怕累、生活不能自理和人际交往笨拙。一些家长在生活上溺爱孩子，但对孩子的学习成绩却有着不切实际的高期望，急了就对孩子施加暴力。轻则没完没了地说教唠叨，重则打骂，使得孩子总是扮演“失败者”的角色。这样，亲子关系就日益紧张。

另外，一些家长自身的思想就有问题。在我的班上有这样一个家长，明确地告诉我，他把孩子送到学校的目的就是让他长大，不出事，至于他能学多少无所谓，反正长大了他要接手家里的家族企业。对于这样的家长和这样的家庭教育，班主任还能说什么？

有些家长对学校过于依赖，认为教育是学校和老师的事情，自己只要管好孩子的吃、穿、住，满足孩子的需求就可以了，没有认识到家庭、学校应该是互相支持的关系。现在社会上离婚率不断上升，离婚的直接受害者是孩子，这些单亲家庭的学生敏感、脆弱，得不到温暖，生活无规律可言，对谁都不信任，心理上存在这样那样的问题，老师或家长批评几句就受不了，甚至采取极端的方式，教育起来更加困难。一些家长不注意同孩子之间的感情交流，孩子生活在狭小、封闭的生活圈里，逐渐形成孤僻，冷漠的性格。一项关于中小学生家庭教育水平现状的调查显示：逾六成中小学生每天与父母倾谈不足十分钟，即使在有限的时间内，父母和中小学生交谈的内容也有一半以上是与学业有关的。这些都说明家校双方沟通、交流的缺乏，家庭教育和学校教育严重不协调。

（五）对学生的上网行为缺乏正确的引导

网络作为一个快速发展、信息更新极快的事物，对青少年的影响越来越大。

当众多青少年以“网虫”身份穿梭于网络之中时，在它的积极作用背后，隐藏着无数巨大的陷阱。有些心怀不轨的人利用青少年喜欢交朋友的心理，设计感情陷阱，达到自己不可告人的目的。据调查，上网学生中，20％的人有情绪低落和孤独感，12％的中学生与家人、朋友关系疏远。有些学生走出网络后，面对不理想的社会现实，感到悲观失落，严重的还可能导致心理疾病，甚至发生悲剧。而暴力、犯罪、色情、赌博等不良信息，对青少年的世界观和人生观进行误导，使他们易于被表面现象所迷惑。网络游戏更是让大量的初中生尤其是男生无法自拔。

面对学生迷恋网络的问题，学校和家长常常苦口婆心地讲道理，或是把学生关在家里进行反思，然而效果都不理想。班主任的应对方式多为以下两种类型：一是放任型。有的班主任对中学生上网的负面影响认识不足，又无法控制，于是干脆放弃管理。二是堵截型。有的班主任担心学生上网分散精力，影响班级升学率，时常到网吧对学生进行围追堵截。这两种方式都没有正确引导学生的上网行为，既没有发挥网络的积极作用，又没有帮助学生克服网络的消极影响。对于沉迷网络的学生该如何教育是一个让人头疼的难题，看到学生因为沉迷网络而走上歧途，大家都感到很心痛。随着家庭条件的改善，网络的普及，在信息化社会中，如何引导孩子健康上网是一个新的课题，需要学校、家庭、社会多方的努力。

（六）对学生身心变化缺乏足够了解，忽视了学生的心理问题

初中生表现欲强，喜欢展示自己，这本是好事，但要看显示什么，显示自己的聪明才智，显示自己的创造能力，当然好，但有些初中生显示的却是穿着等，社会上的不良风气在初中生身上都有所反映，譬如过生日不断升级，随意挥霍，鄙视劳动，安于享受。

随着年龄的增长，初中生身心急剧变化，处于半幼稚、半成熟状态，是独立性和自觉性形成和发展的关键时期，同时也是人生精力奔放、智慧焕发的时期。他们的独立意识增强，要求别人尊重自己，不希望别人将自己当小孩看，热衷于独立自主地进行各种活动，对他人过多的关心会产生反感，甚至顶撞，逆反情绪十分强烈。另一方面，他们又缺乏必要的知识与能力，对教师有一定的依赖性。因此，他们处于想独立而不能独立，渴望自由又不能真正自由的阶段。

每个人由于遗传素质、社会环境、家庭条件和生活经历的不同，会形成个人独特的心理世界。父母过高的期望，沉重的课业负担，老师的严格要求，同学之间的相互竞争，使得初中生的心理压力越来越大，由此产生的心理问题和危机事件也越来越多。一些班级有心理有问题的孩子，对于这些孩子应该怎么教育，班主任感到很苦恼。望子成龙，望女成凤，是每位家长迫切的心情，于是，就对孩子提出了不切实际的要求，当孩子达不到要求时，便采

取了不恰当的教育方式。有的孩子还能忍受，有的孩子干脆“死猪不怕开水烫”，反正达不到要求，索性放弃了追求。家长的虚荣心也在作怪，邻居的孩子或同学、同事的孩子比自己孩子成绩好，心理不平衡，便拼命要求孩子争气。事实上，家长的这些功利思想，很难对孩子产生良好的效果，孩子不仅不买账，反而会产生厌倦心理。

四、改善这些问题的途径

（一）强化学生主体意识，引导学生积极参与班级管理

从课程改革实施的过程来看，更多的是在教学方面实施新课改，而忽略了班级管理方面的改革。陶行知说“教是为了不教”，魏书生认为“管是为了不管”，都主张充分发挥学生在教育管理中的主体作用，大胆放手让学生进行自治，做到“管放结合”。学生是班级的主人，要充分激发学生的主动性和参与热情，强化学生自我管理的意识，提高学生自我管理的能力，让每个学生都参与到班级的管理中来。

叶澜教授指出：“把班级还给学生，让班级充满成长的气息。”新课改下，要求班主任要以人为本，关注学生全面发展，树立以培养学生创新精神为目的的教育理念。所谓班级自主管理，简单地说，就是让学生做班级管理的主角，把学生的自主实践贯穿于教育的整个过程，让学生意识到班级生活是属于他们自己的生活，他们有权利管理自己的生活，并通过不断尝试和实践，增强自主意识，提升自主能力。班级管理活动，如班级目标的设定、规章制度的制定、人际关系的协调、班级日常事务的处理、班级活动等，主要依靠学生自己来完成。班主任要充分审视现有学生管理机制，对其中的不适做出必要的调整，对整个班级的学生进行统筹的考虑和评估。

（二）适当期望，正确运用奖惩手段

“期望效应”又叫“皮格马利翁效应”或“罗森塔尔效应”，它证实学生的发展与老师的关注度成正比。这一心理学效应对班主任管理好一个班级十

分重要。如果班主任相信每个学生都能做得比现在更好，并对学生的学习、行为表现、个性特征提出积极的期望，再通过适当的激励，学生就会朝着老师期望的方向发展。尤其是对于那些胆小的同学，可以通过让他们参与班级管理来表现自己，证明自己。我的班上实行班长轮换制，一人一天当班长，学生"当官"的机会多了，参与管理班级事务的热情也高了，更主要的是培养了学生的自主意识和管理能力。在班干部的选举中，表面上看，我对学生的选举"放任自流"，实际上我根据学生的个性，让他们在集体中获得一个适当的分工，让他们能更好地发挥自己的作用。

（三）大胆放手，并且把握好放的度

通过学生对班级自主管理的不断尝试和实践，使每个学生都能参与到班级管理事务中来，这不仅可以提高他们自主管理的意识，增加其自主管理的经验，还可以锻炼他们自主管理的能力，从而形成自主管理的班级文化。由于中学班级是由一些未成年人组成，因此，在班级管理中，教师不能完全让学生按照自己的意愿去管理，教师应该进行思想上与组织上的指导，通过学生自主参与班级的管理，做到"事事有人管、人人有事管、人人有人管、人人能管人"。这样，管理与被管理相结合，提高了每一个学生对班级管理的参与度，他们就能在集体中找到自己的位置，感受到自己的责任。同时，也大大激发了他们的主人翁意识和责任意识，使他们不仅能管别人，而且能自觉地管理自己。班主任应该处理好"扶"与"放"的关系，"扶"是为了"放"，要能"放"得开，"放"得好，"放"得下，就要"扶"得好，做到"有控有放，有限有导"。教育家陶行知非常信赖学生，他说："我加入儿童生活中，便发现小孩有力量，不但有力量，而且有创造力。"在学校，对于学生过分保护，过分操纵，不放心他们独立做事，老师事必躬亲，是对学生能力估价过低的表现。聪明的老师从不压抑学生跃跃欲试的愿望，而是领导、协助他们完成任务。

第二节　初中班主任日常管理生活概述

作为一名初中班主任，往往每天沉浸于班级管理生活而不能自拔。正是由于这种不能自拔的状态和惯性使得我们对自身每天都要经历的日常管理生活无暇细细打量。抽身出来，反观我们的管理生活，不仅有利于我们对所处生活的重新认识和思考，更有利于在这一个过程中提高管理生活的质量，提升自身生命的价值，促进学生更好的发展。

一、班主任日常管理生活的内涵

初中班主任日常管理工作繁多，是班主任工作给人留下的最深刻印象。一般来说，在接手管理一个班级之时，每一位班主任都有很多常规工作需要处理：选拔班干部，建立班委会，编排值日表，维持班级秩序，召开家长会，组织和实施多种班级活动，按照上级要求布置安全教育等德育活动……班主任的所有工作中，日常管理工作是耗费班主任精力最大的。这几乎是一个无底洞，任凭你有多少充沛的精力，也不足以应付接踵而至的各种检查评比和纷至沓来的班级琐事。就在许多班主任罗列需要完成的多项工作项目，忙于应对之时，有些优秀班主任却能很快地从中整理出工作体系，区分出不同的工作领域和工作重点，把琐碎忙乱变为有条有理，按部就班地开展班级管理工作，过一种有序的日常管理生活。

班主任日常管理生活对于做一个富有教育智慧、富有师德内涵、具有专业化水平的班主任起着至关重要的作用。一定程度上说，有着一种怎样的日常管理生活，便决定了班主任有着怎样的生活状态和生活过程，甚至决定着学生有着怎样的成长和发展。因为日常管理生活就是在一种司空见惯、见怪不怪、熟视无睹中进行着，它在更大程度上是班主任的一种工作内容，更是班主任的一种生活方式。它不仅使班主任可以以一种经验的方式快速地处理和应对班级管理中出现的各种各样的问题，还能使生活以一种连续的状态顺延下去，极少出现中断和停顿。正如美国学者杰克森所说的那样，当教师早晨进校时，他就是走进一个长期接触而异常熟悉的环境，而且，这是一个相当稳定的环境。一个人在其中，物品、社会关系和主要的活动日复一日、周复一周，甚至在某种意义上是年复一年地保持着大体相同的状态。但同时我们也需要注意，正是因为日常管理生活以一种惯性的方式运行，也使得我们少了一份自识和反省，失去了创新和批判，造成管理工作难以上台阶，自身发展难以上层次，学生发展难以有进步。

我们必须承认，多数班主任在日常管理中离不开诸多具体的琐碎性事务。但做同样的事情，却可以有不同的境界。结合日常的观察和总结，班主任一般都徘徊在这五种班级管理境界当中：第一层境界是维持班级秩序；第二层境界是营造学习氛围；第三层境界是形成班级合力；第四层境界是学会自主活动；第五层境界是提升生命质量。有的班主任满足于把这种程式化的事务当作平庸的事务进行处理，让学生的班级生活流于平庸；有的班主任则带领着学生主动开发教育价值，不断追求高品质的班级生活，让班级事务成为一项又一项有意义的教育活动；而第五层境界显然就是班主任追求的最高境界。在班主任日常管理生活中，要想达到这种最高境界，既要关注并提高学生个体的精神生命质量，又要关注班级整体的精神生命力量，为学生提供更为广阔的精神生活空间。

抽身出来面对浸润其中的班主任日常管理生活，就是反观日常管理中的琐碎性事务，从班主任的工作方式、思维方式等方面提升班主任的管理理念、管理智慧，促进班主任的专业发展，以期促进学生在班主任的正确引领下拥有清晰的自我认识和正确的价值观，并进行自主发展。

记得看过李镇西老师的例子，说他在担任校长的时候仍然主动请缨做班主任。很多人都认为他高尚，境界不一般，有“殉道”精神，而他只是谦虚地认为，他是在做自己感兴趣的事情。教育是他的梦想，班主任是他实现梦想的阵地，他才拥有了无与伦比的快乐。作为一名班主任，只有时时刻刻对自己的管理生活存有一份敬畏感，时时刻刻抽身出来反思自身的管理生活，才能促使班主任提升自己的事业境界和人生品位；才能让班主任不断成长并体验快乐，体会职业幸福感并成为真正幸福的人，而不至于把班级管理当作一种负担和累赘；才能让班主任真正提升班级管理乃至教育管理的境界和层次，从而增强自身专业发展的内在动力，坚定自己的教育信仰。

二、班主任日常管理生活的价值

班主任日常管理生活作为一种管理境界和管理素养，其指向是让班主任从庸碌的日常管理生活中解脱出来，更好地促进学生的个性发展。追求日常管理生活质量的过程就是价值实现的过程，也是追寻价值、创造价值的过程。班主任日常管理生活的价值就是创新管理理念、生成管理智慧、提升管理境界和涵养学生发展的过程。

（一）创新管理理念

在班主任日常管理生活中，班主任的工作通常是解决一个又一个具体的问题。创新管理理念，正确区分这些问题，并进行有效的利用，能帮助班主任更有效地提升日常管理生活的质量。

班级管理中出现的问题看似相同，而实际上在不同的情况下有着不同的性质。在日常管理生活中，我们经常会遇到一些需要完成的琐事、需要解决的争执、需要应对的具体挑战，如各种材料的提交、主题班会的召开、安全教育专题活动的开展、学生之间的摩擦、学生与家长或教师之间的矛盾、上级布置的各种比赛、学校各种评比等。有些班主任不能理解这些事务的真正目的，而仅仅把它们看作需要应付的任务。于是，无论是自己动手还是需要学生帮忙处理，主要是为了完成工作，取得应有的荣誉，在这一过程中很少关注学生获得的发展，忽略了对他们的教育过程。有些班主任则真心关注学生的发展，尽力从中挖掘教育价值，将这些活动转化为激励学生进行创造的活动。我曾见过一位班主任，接手一个班级后，针对班级内学生没有凝聚力、缺乏自信心等问题，设置每周班会的前半段时间为“相信自己”演讲展示活动，让学生逐一介绍自己的兴趣爱好、优点等，树立他们的自信心。同时，每周还会要求演讲的同学家长到校参加，共同见证学生成长。这一活动的实施，把“班会”这一“事务性问题”转化为真正的“教育性问题”，引起学生反思、判断并作出合理选择，促使学生个体和集体逐步形成自我教育的意识和能力。

这些问题从表面看是一些“事务性问题”，而具体到某个事件上，它却有“教育性问题”的独特性。优秀的班主任在处理这些问题的过程中会把它转化为对学生的教育过程，使学生个体和班级都得到发展。若“事务性问题”和“教育性问题”区别不开，则会让日常管理生活趋于应付、趋于平庸。

班主任是班级的管理者，具体说，就是依据客观规律，领导班级全体人员按照学校教育目标的要求完成班级管理任务，实现班级管理目标的管理者、组织者、协调者。日常管理生活中的一切工作都与班主任有着密不可分的关系，班级中的各种因素都有可能成为沟通学生内心世界与外在世界的桥梁。班主任只有创新管理理念，才能对这些因素进行有效利用，让学生在集体生活中得到成长。这样我们才能通过一件件小事来一点一滴地开拓学生的视野，丰富学生的精神生活。

（二）生成管理智慧

班级管理中，少不了教育和管理的智慧。作为班主任，在班级管理中要面对一个个有着鲜活思想、有个性的学生，他们的家庭背景、成长过程、性格特点以及所受到的外界教育影响等，都千差万别。面对这样的学生，班主任必须有丰富的教育和管理智慧，这样才能在具体管理中处于主动地位，才能合理地处理好学生的问题。

没有教育和管理的智慧，只有生硬的呵斥、指责，甚至打骂，这样的教育是一种失败的管理方式。因为这样的管理方式，根本达不到教育的目的和效果。学生表面上听从了班主任的意见和安排，服从了班主任，其实内心对这种做法是否接受，是否真正服从，并不像班主任想象的那样。更为可怕的是，这样的管理让学生学会了跟班主任“打游击战”——表面服从，背后捣乱，有时故意和班主任作对，有时甚至还可能导致学生的偏激行为，造成不可挽回的悲剧。因此，管理智慧对提升班主任日常管理生活的质量尤为重要。

智慧，是我们在平时的生活中用心的结果。班主任在平时的管理中，要学会对生活中的小事进行观察和思考，学会透过日常小事的现象，看清表象后面的真实本质。在班主任日常管理生活中，要不断学习，学习各种教育和管理的智慧，多读教育名著，用心读并体会，努力让读书所得与自己的工作实践结合起来，把他人的智慧转化为自己的智慧。要不断反思，反思如何让自己的管理内化为一种教育资源。同时，要养成勤思考、勤动笔的习惯，为自己积累宝贵的管理经验，通过提炼和分析，形成具有自己风格的管理智慧。要借鉴他人的成功经验，用别人的长处来弥补自己的不足，让自己快速地成长起来。这是提升班主任管理智慧的一种行之有效的方法。

（三）提升管理境界

班主任日常管理生活中管理理念的创新和管理智慧的生成使得班主任永不满足于当下的状态，不断向一种更高层次的境界迈进，从而不断提升自己，彻底摆脱应付、庸碌的生活状态。

现代教育制度下，班主任日常管理生活出现程序化、服务化的特征，它强调管理的统一性和有序性，忽视多样性和创新性。班主任日常管理生活每天按部就班，每天在固定的时间固定的地点完成固定的任务。如每天早上到教室查学生到校情况，课间操带领学生到操场跑操，午餐陪同学生文明用餐，午自习监督学生纪律，等等。这些日常重复性的工作以及琐碎性的事务是一个正常班级生活秩序的保障，却忽视了对学生发展的关注，慢慢使班主任成为一个没有思想和创造性的管理者，降低了管理境界。

一个班级需要最常规的制度来保证班级生活的有序进行。一些班主任往往将维持秩序这样一个最基本的要求来作为班级建设的最高目标，这样的班主任只是追求了一种管理中的最低境界。管理境界的提升是班主任日常管理生活中所要追求的目标。班主任如何提升管理境界呢？首先，班主任要关注自己的管理生活质量，领悟生命关怀的真谛。其次，班主任要善于系统梳理班级事务，开发事务的教育价值，将班级常规管理转化为民主参与的机会，将上级规定的任务转化为激励创造的活动，将学生的偶发问题转化为自我教育的契机，将家庭和社会生活内容转化为教育资源。

（四）涵养学生发展

班主任全面负责学生在校的日常活动，在学生的学习生活中，班主任所起的作用是其他科任教师无法取代的。班主任在日常管理生活中对学生的精心教育和引导是促进学生发展最直接的途径。初中阶段的学生还缺乏辨别是非的能力与经验，需要班主任在管理生活中了解学生的特点，针对每个学生的具体情况及时指明努力方向，让他们在健康和谐的道路上顺利成长。

班主任在日常管理中可以充分利用各种机会，让学生共同参与各种班级事务，尤其是班级活动的策划、实施、反思及改进等。在这些过程中，让学生获得真切的成长体验，让学生从成长的资源中升华出更加丰富的教育意义。

让学生在活动中成长和发展是很多班主任都清楚的道理，也是多数班主任都会使用的方式，但主动参与班级活动并不代表学生就会得到能力的提高。很多学生在参与活动的过程中，只欣赏到了自己与同伴的表现，并没有真正对所参加的活动进行深层次的反思和升华。班主任在这其中也往往忽视对学生发展的深层次开发，满足于活动的顺利完成、总结报告的撰写、上级领导的表彰。事实上，在活动中让学生通过各种合作，及时反思、总结已有的成绩，并进一步策划后续发展，可以让学生形成更为清晰的自我意识、更大的动力、更强的自主发展能力。有了这样的活动感受和活动经验，学生在以后的学习生活中就会迈出更加豪迈的步伐，登上更为广阔的舞台，走向更为辉煌的明天。这就是班主任日常管理生活的价值所在。

一个具有强烈责任意识的班主任，必然会在日常教育教学活动中，崇尚对“人”的培养和灵魂的塑造。一位教书匠也许只会用限制的手段去控制学生，而一位教育能手能让学生感悟做人的道理，通过学生的“内化”而变成自觉的行动，从而起到春风化雨之效。班主任日常管理生活的价值就在于此。

三、班主任日常管理生活的特征

（一）管理对象的复杂性

凡当过班主任的都知道，作为班级的直接管理者，在组织、领导以及教育上所花费的心血和付出的精力是其他教师所不能比的。班主任是班级的组织者和领导者，是学生全面发展的指导者，是联系班级中各科任教师的纽带，是沟通学校与家庭及社会的桥梁，是学校实施德育工作的骨干力量。管理工作的烦琐自不必再说，最重要的是，班主任面对的是一群初中青少年，背后又有着他们形态各异的家庭，与其说是在与一群青少年打交道，倒不如说，班主任其实是在与社会上形形色色的成年人打交道。

经常听到有些班主任或科任教师在办公室里抱怨："怎么遇到这样的学生呢?"其实，学生问题的背后，很大一部分是家庭的问题。我记得学校里曾经让班主任调查过班里单亲家庭学生的数量和情况，有个班级 48 个学生中就有 7 人是单亲家庭的，而这些父母为了生计，基本顾不上孩子，孩子都是跟随爷爷奶奶生活。在我们的管理中，还有很多问题学生，而当我们试图改变这群青少年的不良习惯，引导他们形成更高尚的价值观时，他们的家庭及家庭背后的环境或社会环境有时成了他们思想上的障碍。

（二）管理绩效的奉献性

把教师比作春蚕、蜡烛，强调了教师工作的奉献性，而班主任工作的奉献性更不用做更多解释。

首先是时间上的奉献。学生在校的每一天，班主任的时间大都是不能自主的。除去常规的早来晚走，上课备课，比起其他科任教师，班主任还要负责学生课余时间的安全问题，所以课间也是班主任工作不能忽视的。当其他科任教师在无课或课间时，他们可以完成自己的事情；而班主任只能多停驻班级中，保护学生，确保学生之间不发生恶性事件。顺顺利利的话，正常的上课时间，班主任无课时算是相对美好和轻松的时刻。但如果这一天中出现了一个甚至有时是多个学生之间的摩擦或矛盾，班主任的紧急任务就是处理这些突发事件，或者调解，或者告知家长，一连串的事情让一天的时间很快就过完了。若因为这些琐事耽误了备课，很多班主任就要加班备课。时间对于每一个人来说都是有限的，班主任在日常管理生活中奉献了自己的时间，在家庭、学习、科研上必然就失去该有的时间。如果不能做好时间管理，久而久之，必定会产生疲于应付工作的不良后果。

其次是情感上的奉献。爱是教育的核心，没有爱的教育如同池塘中没有水一样，教育需要用一个充满爱的心灵去震撼另一个心灵。与其说班主任要对学生付出爱心，不如说对学生付出情感，且是不求回报的情感。班主任始终要有一颗宽容的心，用宽容的智慧，无私地接纳所有的学生；班主任始终要有一颗信任的心，用语言表达爱心，用感情换取感悟；班主任始终要有一颗沟通的心，用交流来了解学生，用灵活的方式来激发他们形成良好的品质。在班主任日常管理生活中，最常见的就是把情感付诸其中，用情感的力量营造一个育人的环境。

作为班主任，只有热爱教育事业，才能在自己的工作岗位上承受挫折，不畏艰苦，将自己的所有精力投入教学实践中，取得丰硕成果。陶行知先生的“捧着一颗心来，不带半根草去”就是对班主任日常管理生活中奉献性的最好描述。把心交给学生，把心交给班级，把心交给教育事业，以心换心。魏书生老师也曾说过：“你爱教育，是为了向它奉献出自己的一切，这才称得上是真爱。而只有到愿意牺牲自我的程度，才能够在事业上做出成就。”作为班主任，选择了教育事业，也就选择责任，选择了奉献。

（三）管理主体的示范性

古语云：“欲明人者，先明己；欲正人者，先正己。”在学生心目中，班主任就是他们的一面镜子，班主任的学识、思想及言行举止在日常管理生活中对学生的影响是显而易见的。若要让学生有长足进步，就需要班主任提高自身的素质，有丰富的知识和阅历；若要让学生有爱心、尊重人，就需要班主任自身能爱护学生、不歧视任何学生；若要让学生有耐心，就需要班主任在生活中特别是对表现不良的学生付出比平时多几倍的耐心；若要让学生有自主管理的能力，就需要班主任给学生提供自主管理的方法，促进他们的全面发展。

班主任可以通过跟学生一起跑步锻炼，加强学生的意志教育；通过对自身的严格要求，给学生做表率。我们清楚，我们对学生的要求，如果不能从我们自身做起，学生是无法真正贯彻这个要求的。加里宁说："教师必须好好检点自己，他应该感到他的一举一动都处于最严格的监督下，世界上任何人也没有受到这种严格的监督。"因此，班主任在日常管理生活中，时时处处都应该规范自己的行为，提高自己的素质，只有这样，班主任才能在一举一动、一言一行中潜移默化地影响学生。

（四）管理过程的重复性

日常生活是一个充满差异、矛盾和冲突的领域，但是在众多异质的行为和活动的背后，存在着一些起支配作用的同质的图式。例如，实用主义，经验主义，类比归类，等等。到目前为止，日常生活基本上是一个凭借习惯和语言加以维系，而重复性思维与重复性实践在其中占有绝对优势的领域。这无疑是对班主任日常管理生活最深刻的概括和写照。班主任从进入校门的那一刻起，就要管理一系列问题，学生之间的小打小闹，课后作业的收集补齐，请假学生的补假销假，家长的情况反馈，课前的纪律整顿，课间的出操锻炼，课外的意外事件，等等，不一而足。这些事情看起来是那么的不经意、不起眼，但就是这些不经意、不起眼的小事情组成了学生成长的"细枝末节"和"枝枝丫丫"，同时，也构成了班主任管理的"原材料"。对待大部分问题，班主任都可以用"以往的处理方式"来大事化小，小事化了，万事大吉。下面是两位班主任的对话：

A 班主任：今天早上一进门，我发现我们班的后门玻璃不知道被谁打碎了。

B 班主任：谁弄碎的啊？

A 班主任：所以，我就赶紧查啊。

B班主任：查出来了？

A班主任：一开始没人说，问班长，班长不知道，问团支书，团支书说来晚了，所以，我就吓唬了一下，不知道是吧，还是老办法，全班受罚，果然有人不愿意了，说小帅搬桌子不小心碰碎了。

B班主任：还是老办法管用。

玻璃打碎了总要找到责任人，不能成为“无头案”，然后找后勤老师更换完事。但如果要追查的话，则班主任无疑要变成福尔摩斯探案一样，条分缕析，步步推进，但由于初中的孩子已经有了利他主义思想，追查很可能没有结果。吓唬孩子，全班受罚，然后从内部攻破堡垒，则屡试不爽。正是通过这种看起来不那么合理，但却十分管用的非常规解决方式，使得问题迅速得以解决。长此以往，班主任的管理过程看起来就是不断地积累自己的管理“工具箱”，遇到问题时打开“工具箱”，找到类似的工具就可以，而很少去考虑具体问题，具体分析。

教育本身就是最具有创造性的一种活动。当教育者把充满理想主义激情的人文情怀和独具个性的思考精神贯穿于教育的每个环节和整个过程，就是对教育事业的创造。同样，班主任的管理工作也应该具有创造性。正是由于日常的强大惯性，使得班主任的日常管理生活的图式趋于平面化和单一化，仅靠重复一招就“管”遍天下。

第三节 新时代初中班主任日常管理生活现状分析

一、初中班主任日常管理生活的困境

初中班主任每天面对的是学生和同行，应对的是学校及上级领导。在日常管理中，纷繁复杂的事务性工作占据了班主任管理生活的大部分时间，班主任自身发展的问题、学生问题、家庭问题乃至社会问题，让班主任日常管理生活处于重重矛盾中。正因为管理生活受到各种因素的制约，导致班主任

日常管理缺乏指导性的工作方向，而对班主任日常管理生活困境的深入研究，是提高班主任日常管理生活质量的第一步。

（一）守成与创新之间的纠结

每一位热衷于教育事业的班主任，都怀有远大志向和崇高理想，渴望在自己的一方小天地中通过自身努力，换来学生的成长及自身的提升，实现自己的教育理想。而随着日复一日平淡枯燥的生活，有部分班主任在长期的日常管理中养成按部就班的生活方式和安于现状的生活态度。过于安于现状，就是对管理生活不思进取的一种态度，导致班主任经常在守成还是创新之间纠结。守成，就是按照自己原来的日常管理方式，完成学校的各种任务，确保学生的安全，等等，这样的日常管理生活虽然平淡但安逸，虽然没有功但无过。长期如此的班主任日常管理生活让部分班主任有了守成的想法，很难再谈创新。偶尔看到其他班主任带领学生开展一系列活动，他也会有想法，但习惯了按部就班的生活，对于这些最多也就是想想，而不会付诸行动。甚至有些年轻班主任，一开始工作就为了在工作中不失误而抱有守成的思想。一位刚参加工作的年轻班主任曾这样说："一开始担任班主任工作时，做任何事情想的都是如何服从学校的安排，因为自己的教育实践经验不够，怕不能把这些事情做好，总是担心一不小心做错了，会招来更多麻烦事。因为班级管理中，很多事情都是连锁反应的，想想都怕自己没有精力处理。工作中总感觉所学理论不能与教学实践完美结合，就像刚开始工作时，总想给学生带来一种轻松、和谐的班级氛围，所以我总是对学生微笑着说话，总是在很多事情上征求学生的意见和建议，但时间一长，我发现并没有达到我预期的效果，有些学生甚至开始不尊重老师，不听我的话。我还是老老实实地沿着其他老班主任的路子走吧。"

也有部分班主任并不安于平淡的管理生活，盼望通过创新管理方式来提升自己并改善这种重复性的工作。然而，在实际的日常管理中，班主任的管理理念和学校的要求却并不能总是一致。有时，学校和上级领导更看重管理结果，而不是教育过程和教育目的。一个实至名归的教育者，他最关注的事情应该是学生的发展，而一个单纯的管理者则不然，完成上级布置的任务永远是他们最关心的。作为一名班主任，在承担教育任务的同时也承担着班级管理的责任，如何在教育和管理中平衡权重，是很多班主任都面临的问题。

班主任应该是指引学生走向光明的人，如果教育理念出现偏颇，将成为学生成长道路上的一块绊脚石。如我们到底应该重素质还是重分数，这是我们最常遇见的困惑。“分数第一”的教育教学理念扭曲了教育的真正目的，使老师的工作重心都是围绕分数展开的。在如此教育环境下，班主任如果不谈分数，不谈成绩，将带来一系列不可避免的后果。这些后果表现在以下几个方面：首先，初中学校在高考“指挥棒”下，还是以分数来衡量教师的工作，在教师考评制度中，教学成绩占据了很大的比例。一个班级的总成绩通常就是一个班主任能力大小的体现，班主任若不谈成绩，那么学校就会不承认班主任工作的效果。其次，在当今教育制度下，中考、高考、大学、工作是很多家长对孩子未来的唯一期望。如果一个班级，用很多活动来提升学生能力和素质，而家长看不到成绩，只要与其他班级甚至其他学校的孩子做对比，发现自己孩子的成绩不如原来与之同水平的孩子的成绩时，家长就会不认可班主任的工作，认为班主任只带领着学生把活动搞得风生水起，却没有达到应有的教育效果，即学生成绩的提升。

班主任在守成与创新之间的困惑不仅仅局限在分数上。在对学生进行思想品德教育时，同样存在着诸多无奈。现在很多家长都希望班主任能加强对自己孩子的管理，让自己的孩子成才。同时，不乏部分家长在教育孩子的问题上有着两面性：一是担心班主任不管孩子，二是担心自己的孩子吃亏。所以当孩子出现问题、有了矛盾时，对班主任的要求和对自己孩子的教育就自然而然成了两个不同的方向。一面对班主任说着：“孩子就应该严格管教，他听老师的，您的话比我们家长的话管用十倍。”而一面又对孩子说：“人善被人欺，马善被人骑，别人欺负你，你就应该还回来。”不相信班主任能平等、公平地处理和解决问题不说，所作所为还对班主任的教育效果起着相反的作用。试想，在这样的环境下，班主任怎么才能创新性地开展工作？

学生是千姿百态的，不是成绩单上冰冷的数字，也不是及格率、优秀率、升学率那些供学校和家长们炫耀的资本，他们是活生生的人。当我们承认他们是活生生的人时，我们就应该创造性地开展工作。

（二）情感与制度之间的徘徊

“不以规矩，不成方圆。”制度在学校工作中尤为重要，在一个班级的管理中也处于中坚地位。班主任的日常管理中离不开制度的执行与落实，在制度的保障下才能形成良好的育人氛围。班主任作为学校工作的真正执行者，一个班级的组织者和领导者，其教育对象是一群有理想、有感情、有各种兴趣爱好的生命体。虽然在倡导素质教育的今天，“棍棒教育”早就已经时过境迁，而班主任更多地用“法治”来代替“人治”。但制度不能解决所有问题，班主任在日常管理中，在用制度来进行管理的同时，情感管理同样会渗透其中。有时，我们会在情感与制度之间徘徊。

（三）奉献与回报之间的矛盾

班主任只要进入教室，迎面而来的就是日常管理中的各种事务性工作。班主任要做到从中脱身，才能不被眼前的琐事牵着鼻子走。班主任的日常管理生活质量体现在对自身生命意义的构建上。

一个优秀的班主任应该懂得在照亮别人时也找到照亮自己的方法，因为他深知，只有自己拥有了足够的能量后，才能更好地满足学生。班主任的日常管理生活中，总是在为学生付出，很少考虑回报。

班主任工作时间长，强度大，已成为不争的事实。繁重的教学任务、复杂的管理工作让班主任成为学校中工作负担最重、工作时间最长的老师。这些时间用于班级的日常管理、学生的道德教育、心理健康教育、安全教育、组织学生参与各种活动、代收费、完成学校各项报表、沟通科任教师和家长、参加班主任会议或培训等。而这样工作量大、负担重的班主任工作与其所获得的物质补贴和精神奖励却不成正比。涉及班主任的表彰包括校级优秀班主任、区级优秀班主任、市级优秀班主任、师德标兵，这些评比的名额很有限，有些甚至是两年评一次，有时学校领导还要照顾老教师，因此，班主任能荣获表彰的机会非常有限。若想获得这些荣誉，就要在各项工作中更加投入、更加辛苦、更加忙碌，使得班主任更加疲惫不堪。

基于以上，我们可以清晰地看到，大多数班主任在奉献与回报之间，更多地体现了奉献精神，而不问回报多少。班主任也是人，也有七情六欲，也要养家糊口，如果一味要求班主任奉献，而不讲回报，那么班主任的日常管理生活将慢慢失去应有的颜色，黯淡下来。

（四）连续与断裂之间的冲突

马克思说："如果事物的表现形式和事物的本质会直接合而为一，一切科学就都成为多余的了。"班主任日常管理生活中遇到问题，应该研究为什么会这样，把同样的表面现象按照不同本质做一下分类，就容易找到对策了。班主任日常管理的策略，并没有固定的模式，并且日常管理中的事物都是在不断变化的。同时，管理也不是简单的"照章办事"，它是一门艺术，同样需要班主任创造性地解决问题，发挥班主任的聪明才智。

1．家校教育的分离，让班主任日常管理面临巨大的挑战

当前教育环境下，学生心理复杂多变，面临巨大挑战，学生在思维方式、价值标准、道德水准、合作精神、个性素养、学习心理与习惯等方面都存在着巨大差异。学校教育并不能解决所有的问题，家庭教育的影响也很大。之前的经验告诉我们：一个优秀的学生背后一定有一个健康的教育环境；一个问题孩子的背后一定有一个复杂糟糕的教育环境。我们能改变学生，引导他们在成长的过程中有提高、有进步，就是教育的成功。家庭教育和学校教育的分离，让班主任日常管理面临着巨大的挑战。

教育需要合力，特别需要家庭与学校的合力。如果现有的教育资源无法科学整合并高效应用，那么仅靠学校教育，仅靠班主任日常管理，很难实现教育的最终目的。在学生和家长之间，一直存在着一种学习交流上的障碍，多数家长由于过于直接或生硬的交流方式，让学生很难和家长讨论学校生活或学习。家长也有着很大的困惑和烦恼，他们初衷良好，却由于方式不对或心态不当，造成难以与孩子沟通的严重问题。

由此，我们可以看到，学校教育的连续性，往往被家庭教育的突变打破，而无法进行正常的合力教育，使得班主任的日常管理出现较难处理的局面。

2. 中途接班，让班主任日常管理面临巨大的挑战

中途接班对于班主任来说，也具有极大挑战。中途接班的管理工作相当复杂、相当难做。因为某个班主任生病、休产假，或者因为班主任管理不善而不再任用的原因更换班主任是常有的事情。中途接班的班主任的日常管理生活比从起始年级接班的要“精彩”得多。

中途接班后，在接下来的日常管理中，会遇到很多棘手的问题，学生会因为你的工作习惯跟前任班主任不一致而挑剔你，会因为你的管理方式比较严格而排斥你，会因为你打破了他们之前的小组安排而反对你……总之，中途接班，问题接踵而至，让班主任应接不暇。班主任想要在班级管理中有良好效果，必须付出更多努力，而有时见效甚微。

（五）自我成长与学生发展之间的取舍

有人说班主任工作最烦琐，也有人说班主任工作最有趣；有人说班主任工作最辛苦，也有人说班主任工作最幸福。只有把管理中的问题当作研究对象，我们才能将烦琐的班主任工作变得生动有趣，才能将辛苦的班主任工作化为幸福。这时，班主任的自我成长就显得格外重要。班主任工作有它特定的对象和固有的工作规律，不仅如此，还有科学的理论、广泛的知识来源和多种教育形式。新时代对班主任工作及班主任素质提出了新的要求。面对不断变化的教育对象和教育实践内容，如果班主任仍然凭借落后的教育理念，陈旧的业务知识和简单粗暴的方式方法，显然难以应对。只有主动进行自我成长，加强学习，才能不断提升育人能力，而班主任工作的强度和性质决定了班主任自我成长和学生发展之间会有冲突。如何处理自身发展与学生发展之间的关系，成了班主任日常管理生活中必须面对的一个大问题。

首先，班主任进行自我成长时容易忽略学生的发展。在完成繁重的教育教学任务的基础上，再进行班主任专业自我成长，一定会占用额外的时间，或者从教育教学中抽取部分时间来实现自我成长。不论哪种方式，班主任的

工作量都要比平时加大不少，而且自我成长与学生发展之间往往会出现分歧。

学生的发展也需要在班主任投入更多时间和精力的基础上，才能一步一步实现。班主任自我成长必然要耗费额外的精力，结果往往是顾此失彼。有的班主任在花费大量时间研究班级问题时，却忽略了本身的教师角色，在学科业务上钻研得不够，没有对学生的学习方法和学习技能进行充分引导和提升，而导致自身教学成绩不突出，学生没有得到应有的发展。有些班主任进行自我发展时过于注重把学生管理作为研究内容，只从表面上抓了问题和研究方向，整天忙于搞调查、写论文、写报告，看似研究了学生问题，实质上却忽略了促进学生身心发展。

其次，班主任关注学生发展却忽略了自我成长。在班主任队伍中，不乏有些班主任是不情不愿被推上这个岗位的。在他们的心中，认为只要完成学校的各项任务，保证学生不出问题，就是完成了班主任的职责，又何谈自我成长呢?

还有些班主任即使对班主任工作有着很高的热情，关注学生的心理，关注学生的家庭，甚至跟学生关系非常密切，也很受学生欢迎，但是他们仅凭兴趣来完成这项工作，从未把班主任工作看作自我成长的平台。他们不习惯对所遇到的问题进行分析和研究，把所经历的事情写入自己的教育反思日记，没有促进自我成长。

班主任的自我成长离不开学生发展，同样，学生发展也离不开班主任的自我成长。当班主任关注自我成长时，研究的对象和研究的问题都与学生发展有着密不可分的关系；反之，学生发展是促进班主任自我成长的动力。学生发展的过程中遇到的所有问题，都可以增加班主任的研究机会和学习机会。

班主任在自我成长的过程中遇到困难时，经常抱怨各种原因阻碍了我们前行的脚步，殊不知问题的根源在于我们自己的内心。在成长的道路上，也许我们无力改变周围的大环境，我们却可以主宰自己的灵魂。一路上虽然辛苦，但成长的体验是快乐的。如果我们把这种快乐的体验传递给学生，那我们的自身成长就对学生起着积极的作用。反之，如果我们一味强调客观原因，抱怨成长道路上的荆棘坎坷，受不了辛苦而逃之夭夭，因过于枯燥而日久生厌，因急功近利而徒增烦恼，那我们收获的也将是对学生起消极作用的情绪和态度。因此，班主任自我成长的直接效果对学生发展也有着不可估量的作用。

任何一个领域的人才首先是自我培养而不是别人培养的，从根本上说，只有自己才能培养自己。班主任当然也不例外。班主任只有在实践中成长，在反思中成长，在攻克问题的辛苦中成长，才能体验成功的喜悦。对于有追求的班主任来说，不论在日常管理生活中遇到什么困难，只有对这些难题不断进行研究、思考，转化为成长道路上的动力，才能实现真正的自我成长。

二、初中班主任日常管理生活困境的原因

班主任日常管理生活中，管理层面的要求和制约、班主任自身专业成长的困惑以及外部环境对班主任造成的无形压力，导致班主任日常管理生活的困境是多样化的。分析初中班主任日常管理生活困境的原因，有利于初中班主任过一种更积极、更进取的日常管理生活，让班主任在工作中成就自我，在生活中绽放自我。

（一）传统管理思想的钳制

传统的教育思想过于注重师道尊严，班主任的日常管理生活经常受到传统管理思想的钳制。为了营造安定的班级环境，班主任经常压制学生的天性；为了稳定的教学成绩，班主任往往从应试方面要求学生，而忽略学生的全面发展。如不准下课时间在教室中吵闹，不准与教师顶嘴，不准不穿校服，等等。这样的一些话语是班主任日常管理中经常会用到的。而这些要求往往把班主任置于一个与学生对立的位置上，班主任成了学生的监督者。初中生天性爱动，正值青春发育期，把他们封闭在一个狭小的环境中，久而久之，必然会引起学生的逆反。

在传统管理思想下，更多体现对教师的尊重，而忽略学生的自主性和学生的人格发展。至今仍有部分教师对于学生和教师之间的角色无法正确理解。

当前的教育理念下，对学生角色和教师角色的定义已经打破了这种传统

的思想，不再一味以教师的话为“圣旨”，不再一味认为教师讲的内容一定正确无误。如果班主任不能更新理念，那么在日常管理中将会非常被动。

一些班主任受到传统管理思想的影响，根深蒂固地认为教师的命令“不可挑战”，若违反就是不尊重教师，就是“道德败坏”的学生。而班主任这种陈旧的管理思想会导致日常管理生活中的各种弊端。如现在的学生更喜欢利用现代化手段与老师交流，如QQ、微信，减少学生跟老师的距离感。如果班主任不能改变管理思想，认为学生不应该把精力都放在网络上，那么班主任与学生之间的距离将会越来越大。再如，随着社会的进步，学生的发展面也会越来越广泛，我们不能单纯以一个学生的学习成绩来衡量他是否能成才，是否优秀学生。若班主任不能改变此理念，在当前社会环境的影响下，越来越多的孩子会成为班主任眼中的“差生”，导致班主任和这部分学生之间的鸿沟越来越宽。

很多时候，班主任喜欢以长者、师者的姿态教育孩子，而学生希望和乐意接受的是班主任的尊重、理解、宽容和悦纳。诗人鲁米说：“在对与错的区分之外，有一片田野，我将在那里遇到你。”班主任对学生的教育，也可以在对与错、好与坏的区分之外，找到一片田野，去触摸学生的心灵，去感受学生的需要。

因此，班主任若不转变管理理念，仍然受到传统管理思想的钳制，必然会在其日常管理生活中造成一定的困惑，使日常管理生活处于纷繁杂乱中。

（二）已有管理制度的宰制

在现行管理制度下，很多学校有各种评比，让班主任疲于应付各种活动，很难有时间来思考自己的工作。有些学校领导官僚主义作风明显，不尊重班主任的主体性。只要看到班级有一点退步，有一点不完善，就会进行批评甚至上纲上线，让班主任在日常管理中摸不着头绪、顾此失彼。长此以往，班主任的工作积极性都被打消了，不得不在疲于应付上级的情况下，用已有的管理制度来规范学生的言行。学校重视成绩，班主任就要狠抓学习成绩；学校检查卫生，班主任就安排学生打扫好卫生；学校布置班级文化比赛，班主任可能会花上大部分班费把教室和走廊装饰得五彩缤纷；学校布置交材料，班主任会耗费精力来准备这些应付检查的材料。如此一来，班主任哪里还有时间静下心来考虑学生的问题，考虑班级的长远发展？不得不承认，在当前的管理制度下，学校管理给了班主任很多压力，而班主任日常管理又给了学生很多的压抑。我们需要面对现实，静下来思考问题，而不是对日常管理中常见的问题视而不见。

（三）管理职责边界的模糊

班主任作为班级专门的管理者，优点是班级的工作有人负责，缺点是排斥了其他教师参与班级管理。在工作中，时常可以听到不少老师说："这是班主任的事情，找他去解决，不要找我。"如此，使得本应该是全员育人的教育工作成为班主任的专门工作。

1. 上级命令的"执行者"

班主任在任何一所学校中都起着骨干作用，他是一个班集体的组织者。班级工作在学校工作中占据至关重要的地位，而班主任作为班级的管理者，在学校和学生之间起着桥梁的作用，这种特殊的身份决定了班主任在学校工作计划的实施与教育教学任务的圆满完成方面发挥着十分重要的作用。从上级教育部门下达到学校的各种通知，最终一定会是由班主任进行传达和安排。政教处要求学生打扫卫生要找班主任，总务处要检查班级资产要找班主任，教务处要统计学生信息或成绩要找班主任，甚至收餐费也是班主任的事情。学校任何一个部门下达一个命令，都要经过班主任，再传达到学生，最后还要班主任落实这些事情。班主任每天除了正常的教育教学，就是应对学校各个处室的各种要求，让班主任工作处于疲于应付的状态，没有时间静下来思考自己的工作，工作上的创新也就无从谈起。

2. 科任教师的"后备军"

担任班主任的时间长了，接触的班主任也越来越多，形形色色的班主任都见过或听说过。有一些班主任喜欢把班级的事情往自己身上揽，经常会听到他们对科任教师说："学生有什么事情你交给我处理就好。""课堂上不听你的话，我来处理。”虽然我觉得精神可嘉，但我认为这不是明智的做法。因为久而久之，就会让很多科任教师不善管理，在自己的课堂上出现的问题总是找班主任来处理，而自己乐得清闲。学生上课违纪找班主任，学生完不成作业找班主任，学生成绩不好找班主任。班主任俨然成了为他们处理课堂教学和各种教学问题的“后备军”。

3. 家长过高的愿景

孩子是每个家庭的希望，每个家长对孩子都寄予了极高的期待。家长都了解班主任在学校中的重要作用，也都认为班主任才是学生“最重要的老师”，所以对班主任提出了更高的要求。家长通常是到校或电话联系或通过网络找班主任，了解学生学习情况，询问学生发展情况。除了开家长会时到校见见任课教师，平时很少找各任课教师来了解学生的学习。我们都很清楚，任课教师才能更真实地把握学生这门课的学习情况、上课听讲的情况、作业完成的情况等，这样无形中给班主任增加了不少的工作量。

班主任管理职责的模糊，让很多教师把班主任工作看作教学以外额外的工作负担，导致很多教师承担班主任工作是因为学校的要求，被动接受，在不同程度上存在着功利思想，在职业素养上还缺乏一种奉献精神和吃苦精神。不可否认，班主任管理职责的模糊还导致部分班主任对自身应尽的职责没有建立正确的认识，面对困难时会有诸多抱怨，甚至对应尽的职责产生强烈的抵触情绪。

（四）管理角色定位的缺失

班主任的主要职责有：对学生进行思想政治教育和道德教育等；教育学生努力完成学习任务；教育、指导学生参加学校规定的各种劳动、体育卫生活动等；关心学生课外生活；进行班级日常管理；组织和联系科任教师开展班级教育活动；做好学生思想品德评定和有关奖惩工作；联系家庭和社会力量共同做好学生教育工作。从中我们可以明确看出班主任工作的复杂性和琐碎性。

现实生活中的班主任工作，可能还远远不止以上工作。我们可以看到，与其他任课教师相比，班主任是与学生接触最多的人。但凡没有任课教师上课的时间，都成了班主任应该时刻关注的时间段，不管是为了学生安全，还是为了营造正常有序的教学氛围，而学生的安全问题，已经成了各个学校主抓的工作。初中生正处在身心发展的重要转折期，所以学校及上级教育部门对初中班主任的工作更加看重，甚至每个学期，学校与班主任都会签订各种目标责任书，来提高班主任的安全意识，规范班主任的责任。除了传统意义上的教书育人，班主任在班级日常管理中更像一个保姆，时时刻刻地围绕着学生。

曾有班主任这样评价自己的工作："我觉得自己就像一个管家婆，每天重复着一样的事情，工作上没有创新，没有意思。"这样长时间辛勤劳累地工作，既违背了教育教学的规律，又无益于班主任的身心健康。对于班主任日常管理生活来说，要为他们减负、减压，让他们从繁重的生活中解脱出来，把更多的时间和精力放在业务提高上，否则何谈进行专业发展。

当前班主任应有的管理角色应该是学生成长的生活导师、善于创新的研究型教师、善于反思的智慧型教师。只有从管理角色的定位中找回自己，班主任日常管理生活中才会有新方法、新主张和新见解，才能创新自己的工作模式。

（五）专业发展诉求的压制

班主任专业发展与教师专业发展具有共同之处，但也具有特殊性。班主任首先是一名教师，同样需要经历教师专业化发展的历程，并且班主任的专业发展应是教师专业发展的一部分。班主任专业发展是班主任制度改革和发展的必然趋势。

1. 学校管理的制约

首先，在传统管理模式的影响下，班主任专业培训通常是以校本培训的形式开展。校本培训与其他形式相比，有着时间集中、组织性强、内容系统、容易落实的特点，但校本培训通常没有连续性和长期性，更没有培训后的落实和研讨、反思。学校不能为班主任的专业发展提供良好的环境及规范的实施计划，大部分班主任靠业余时间自己进行专业成长，效果不佳。

其次，班主任专业成长的关键是要有理论的引导，在理论的指导下，实践性知识不断丰富，实践智慧不断提升，班主任的素质才能提高。没有学校搭建的平台，班主任很难接触到较好的理论。学校对班主任团队合作重视不够，对班主任专业发展活动重视不够，使得班主任专业发展缺乏环境支持和制度保障。

再次，学校应该为班主任专业发展扫清一些障碍，让班主任有精力、有时间进行专业发展。然而，在平时工作中却经常听到有些班主任抱怨，他们的理想得不到学校领导的理解，他们的创新得不到学校的支持。一些学校对班主任提出各种各样的要求，把所有的责任推到班主任的身上，让班主任完成一些本不应该他们做的事情。如此环境下，班主任谈何专业发展呢?

2．教育理念的制约

当前教育环境下，学生受家庭教育和社会教育的各种影响，班主任如果抓不住问题的源头，就无法正确处理学生的问题，也无法跟上时代的步伐，对学生进行进一步的教育。

作为一名班主任，要走在专业成长的道路上，就要改变教育理念。不能一味要求所有学生都成才，不能对所有学生一样要求。

当前的班主任日常管理生活受很多因素的影响，存在诸多问题。归纳来说，主要是班主任自身的因素和外部环境的因素两大方面。部分班主任管理理念陈旧，理论水平偏低，导致班主任日常管理生活没有整体规划，往往“兵来将挡，水来土掩”，仓促应付；工作方法单一，忽视学生的主体地位，导致看不到学生真正的需求，缺乏针对性指导；外界对班主任岗位界定的不确定，导致愿意从事班主任工作的教师越来越少，多数是被迫推上班主任的位置；在现有制度下，班主任的付出和收获严重失衡，导致班主任对工作的积极性不高，管理效果低下，日常管理生活处于随波逐流的状态。只有找出应对策略，才能让班主任在日常管理中过上更有智慧和个性的生活。

第四节　新时代初中班主任日常管理生活能力提升路径

对于多数初中班主任而言，教育事业是他们的梦想，是他们的使命。反思初中班主任日常管理生活的困境及原因，我们应该追求一种有边界、有反思、有智慧、有研究、有个性的生活。

一、过一种有边界的管理生活

教育不是万能的。班主任首先是一个普通人，当教育不见成效时，家长，甚至学校都认为是班主任的问题，于是班主任陷入了焦虑中。现实是，即使你把所有的精力都用上，有些问题也是你解决不了的。很多时候，班主任习惯于把学生的事情都往自己身上揽，结果却弄得焦头烂额。“大包大揽”是一个班主任缺乏科学思维的表现。如果要提高班主任工作的整体水平，改变班主任心理健康状况，班主任就必须过一种有边界的管理生活。因为做一件没有边界的事情一定是随意和盲目的，一定会做大量无用功，最后也不知道自己干了什么，这是很多班主任的切身感受。班主任工作应该是有边界的，他是学生的指导者，但不是学生一生的承包者；他是学生的引领者，但不是高高在上的唯权者。他可以教育学生，也可以接受学生的教育；他可以批评学生，也可以让一步。只有过一种有边界的生活，班主任才能少做无用功，知道自己该做什么，不该做什么，能做什么，不能做什么。

（一）感恩学生，让生活更美好

感恩是一个永恒的话题，作为一名班主任，教学生学会感恩是我们在德育中经常要涉及的内容。在我们教学生感恩父母，感恩师长、感恩社会、感恩大自然的同时，我们本身也要学会感恩，特别是要感恩学生。

做班主任，在各种琐碎的日常管理事务中，我们经常被蒙蔽双眼，经常会以偏概全地抱怨：学生难教、不懂得感恩教师、不能吃苦、无上进心等。

这样的抱怨，让我们大大降低了感受教育幸福的能力，错过了享受教育的机会，增加了很多职业倦怠感。我们不妨来换位思考一下，对学生也常怀感恩之心，感恩他们给我们带来的“酸甜苦辣”来调节我们的生活、感恩他们的“年少轻狂”给我们带来的甜蜜回忆、感恩他们的“小错不断”让我们的教育智慧倍增、感恩他们的“永不止步”带给我们的成就感、感恩他们让我们有了“教师”这份职业。

（二）学会让步，让幸福站起来

千百年来的“师道尊严”，有时会是班主任进行日常管理的最大障碍。孔子给我们提出的“因材施教”，我们更多地利用在了学科教学中，然而在育人方面，我们却总是忽略它。秉承着古人的各种“道”，我们有时在对待学生时是那么的执着和倔强。学生违反了纪律，就一定要开会检讨；学生学习不努力，就认定他一事无成；与老师顶嘴，就成了“冒天下之大不韪”。初中学生毕竟处于青少年时期，他们的心理特点和生理特点决定了他们有时会反复犯一些错误，如果班主任顾及“师道尊严”，非要跟他们讲出个“你错我对”，事情往往会被推到一个无法解决的尴尬境地。

不要给孩子的心灵涂抹上灰暗的色调。班主任常常站在自己的角度去要求学生，总是乐观地以为只要是老师要求的，学生都应该做到。而事实总是出现偏差，原因也往往是纷繁复杂的。刚接班的班主任，在对学生还没有完全了解的情况下，就不能武断地给学生“下定论”。因为你还不知道他们的基础，不知道他们的家长对孩子的关注度有多少，也不知道他们的学习习惯到底是怎样的。只有我们耐心细致地了解后，处理学生问题时才会减少很多阻碍。很多班主任一味地和学生较真，结果往往是节节退败。他们认为：“我所做的一切都是为了你们好，为什么你们就不能理解我呢?”有时班主任的日常管理是直通通的，连个弯都不会转，就像一个鲁莽的指挥官一样，只懂进攻，不知撤退。我们必须在日常管理中学会妥协，让学生也喘口气，给他们“特殊优待”。

树立边界意识，班主任才能知己知彼，工作不盲目、心里不焦虑，把精力集中在确实能做好的事情上，不浪费感情，少做无用功。过一种有边界的生活，对于班主任的专业化及心理健康，都有着极大的意义。

二、过一种有反思的管理生活

反思对于行动是必不可少的。反思型的教师应该是终生学习的身体力行者。班主任在日常管理生活中的反思，也体现了对自己的检讨和剖析，这种反思的习惯和能力是班主任走向成功必不可少的精神素养和职业品质。

善于反思的班主任，他们一步一个台阶，沿着这个台阶走向更新更美的教育世界。

班会是班主任最大的阵地，而传统的班会以布置任务和说教为主，学生对于班会已经感到厌倦与无奈。班会的形式和内容可以有一些变化：多以活动的形式进行，多对学生进行自我认识、自我定位，以及进行如何制定目标、如何成为一名真正健康的人等内容的教育，让学生摆脱不明是非、混混沌沌度日的状态。善于反思的班主任会改变传统班会形式，让日常管理生活更加丰富和有意义。

教育现象中蕴含着各种教育思想，我们只有不断对自己的教育效果进行反思，才能知道其中蕴含着怎样的教育遗憾和教育缺陷，这样的教育可能会在学生的心灵上造成怎样的伤害，其中包含着哪些可以理解的善良动机，掩盖了哪些不可原谅的自私。教育的最终目的是塑造人，你认为对学生有利的，不一定就是他们想要的，也不一定是适合他们的。做一个善于反思的班主任，等待每一颗种子从播种到发芽到结果，于是，常反思就少了一些对学生的苛刻，多了一些对学生的理解。

三、过一种有研究的管理生活

班主任首先应该是学习者和研究者，其次才是学生的领导者和组织者。对班主任来说，要过一种有研究的管理生活。有研究才能发现班里某个学生最近上课打瞌睡的原因是晚上打游戏，才能发现某学生最近情绪不高的原因是父母吵架，才能发现某个学习成绩不错的学生课堂上经常乱接老师话语是因为在家里得不到家长的关注，才能发现某学生平时表现不错而总考不出好成绩是因为缺乏良好学习习惯……在有研究的管理生活中，班主任更加关注学生在日常学习生活中的发展。不过，这并不意味着班主任要“只见树木，不见森林”，而是要求班主任“既见森林，也见树木”，在学生个体与集体整体发展的过程中，用心关注，选择并利用一些典型的日常事件，将其作为教育契机和教育资源，通过及时点拨，促使学生不断前进。

当班主任日常管理生活处于一种研究状态时，他们在关注学生成长的同时也关注自我教育，在教育学生的同时超越自我。班主任要提升育人理念、深化对班主任的理解、解决班级中的实际问题、积累自身的教育智慧。任何管理方式和管理艺术，都是班主任精心赋予班级日常管理的神韵，有了这样的神韵，班主任的生活才能更倾向于幸福的彼岸。只有不断进行研究，班主任日常管理生活才能更加有效。

四、过一种有智慧的管理生活

“校园无小事”是教育流行的一句口号。但这句口号如今已经成为很多班主任每天忙忙碌碌的一种自我安慰。多数班主任都是上级领导关注什么，就把什么事情当作大事，而其他事情都是小事。似乎自己的一言一行和一举一动都是在执行上级的命令，其实是抓了临时性工作，忽视了学生发展和自身发展的大事。校园中有大事就有小事，有急事就有相对不急的事情，轻重缓急是客观存在的。班主任一味以学校布置的事情为大事，这只是班主任偷懒的一种做法，只是一种应付上级的做法。班主任应该过一种有智慧的管理生活，清晰地明白哪些是“小事”，哪些是“大事”，清楚地知道无论大事还是小事，智慧的处理才是正确的方针。

例如，班主任日常管理生活中最容易遇到的“小事”就是学生犯错、自己生气。心平气和来看，生气解决不了任何问题，只能让自己的生活越来越糟糕。生气还是无能的一种表现，在学生心中留下老师有失风度的印象。看似是小事，如果处理不好，不能用合适的方式解决学生问题，那么，班主任日常管理生活往往因太过烦恼，而忽略了自己本来的目的。

生活中的智慧体现在无论发生了什么事情，你都能很清楚地知道你想要的是什么，你最珍惜的是什么。班主任要抓住班级管理中最重要的东西，不要为了纷繁复杂的小事，让生活变得烦恼。懂得生活智慧的班主任，才能让生活变得更美好。

五、过一种有个性的管理生活

有时候，我们的生活更多地追求一种快节奏，让我们忽略了身边的风景。有个性的管理生活需要班主任在日常管理中慢下脚步，细心去感受。个性体现了一种做事风格，更体现了一种处事态度。在当前高强度、重压力的工作状态下，班主任学会给自己减压、让自己释放、寻找自己生活中的幸福就是一种有个性的管理生活。

（一）读书和旅游，是班主任日常管理生活的左右手

随着时代的发展，社会赋予了班主任日常管理生活更多缤纷的内容。班主任要用心享受生活赐予我们的一切，不仅要热爱阅读，酷爱自然，还要充满好奇心。一名合格的班主任，不会轻易放弃开卷有益的阅读，不会放弃任何有意义的旅行，也不会放弃对自己身心发展有益的活动。

班主任经常要面对一个又一个问题学生，面对学校中的各种常规检查、评比等带来的压迫感，还要面对家庭中及社交中出现的各种情况。在迷茫和无助时，何不放下手上的忙碌，卸下心中的包袱，看看美妙的风景，聊聊美好的未来。有可能在自己调整心态时、在自己减压释放时，很多事情的解决办法就自然而然跳出来了。

（二）成就彼此，收获真情和幸福

当今，每个人对幸福的理解都不尽相同。如果以金钱和物质为标准衡量班主任的幸福度，那实在是毫无幸福可言。而在繁杂的工作中，成就学生的同时，学生也成就了我们，那种精神上的满足是一种无法言表的幸福。

班主任的幸福，在于帮助学生走过青春驿站的同时，收获学生的一颗颗

爱心；在于指导学生梳理个人思想的同时，自己的境界也在提高；在于捕捉到教育契机深入学生心灵的同时，自己的心灵也受到洗礼。相比其他职业，教师的职业再普通不过，而随着一届又一届学生伴随我们走过风华岁月，我们才能更清晰地认识到，学生不仅仅是我们的教育对象，不仅仅是我们的责任，他们更是成就我们的那些人，是我们生命中最美丽的邂逅。

第八章 新时代初中班主任沟通能力提升

第一节 初中班主任沟通能力概述

一、班主任与学生的沟通

班主任管理班级学生，这似乎是天经地义的事。但是，班主任应该管理学生的什么呢？需要明确的是，班主任应该管理“班级学生”，而不是管理“学生个体”，更不是管理学生个体的一切。班主任管理“班级学生”，是指班主任要将班级中的学生个体，当作班级组织中的一员来予以管理。也就是说，班主任主要是协调班级学生个体之间的学习关系与生活关系，通过学生个体间的相互帮助与和谐共处，提高学生个体的学习效率，营造班级整体的学习风气。令人沮丧的是，很多班主任并不是在管“班级学生”，而是在管“学生个体”。班主任花了大量时间去应付学生个体的问题，比如学生个体没有学习积极性，学生个体穿着打扮与学校要求不一致，学生个体行为习惯与学校规章不符，等等。其实，学生个体具有独立性，班主任对学生个体的管理权也是有限的，只有学生个体与班级群体有关的部分，才是班主任权限范围之内的事。如果班主任跨越权限管理学生，虽然班主任是善意为之，但结果往往不尽如人意。

班主任管理班级学生，其目的不是让班级学生都听从于班主任，而是让班级学生团结起来，去完成个人无法完成的学习任务或者达到个人无法达到的学习效率。对班级学习来说，只是靠学生个体的努力，既受制于学生个体有限的学习能力，又缺乏群体学习氛围的支持。当把学生组织到同一个班级时，学生就可以在学习与生活上相互支持，还会因为营造了良好的学习氛围而激励个体的努力。

组织班级有必要从以下三个方面着手：第一，要让同学间的互相帮助成为一种责任而不是一种荣誉。如果互相帮助是一种荣誉，那就意味着这件事可做可不做；如果互相帮助是一种责任，那就意味着这件事必须做。为此，可以通过小组管理或者小组学习，并通过小组群体评价的方法，来强化学生在群体中的责任意识。第二，要让学生对自己负责任而不是对他人负责任。表面上看起来，让学生对自己负责任，是鼓励学生表现得更加自私；可事实上，对自己负责任的学生，不但会履行自己应该承担的责任，还会去做有益于自己声誉的事，这就是对群体负责任。第三，班主任应定位为“教育”学生而不是“判定”或者“指控”学生。班主任并不是法官，没有必要为学生间的争端做一个看似公正的判定，因为有了判定，两者就成了对立的敌人；班主任不是检察官，所以他没有必要将学生所有的缺点予以指控，因为有了指控，班主任与学生就成了对立的敌人；班主任是教师，他总是从教育的角度来理解学生，班主任总是以学生的过错来引导学生，总是以宽容来教育学生，而不是急于判定对与错，也不会急于指控学生以往的过错。

二、积极协调学生与任课教师的关系

班主任在学生和任课教师之间所起的作用是很重要的，也是很讲究技巧的。若是处理不好，就有可能导致两种后果：一是和其中一方贴得过紧，懵懂之中就把另一方推向了自己的对立面；另一种就是两边都不落好，自己在中间受夹板气。无论是哪一种，最后都必然会使自己的工作陷入被动，导致身心俱疲。

巧妙处理好学生和任课教师的冲突，这是对班主任工作能力的一个极大考验。那么，班主任在这两者之间应该怎样发挥作用呢？

（一）多渠道促进任课教师与学生之间的有效沟通

开学初，班主任在制订本班工作计划时应主动征求任课教师的意见和建议，以求得任课教师的配合。平时要多联系、多询问，以便及时了解班级和学生情况，管理时能对症下药。任课教师接触学生仅限课堂 45 分钟，面对面地与学生谈心、交流的机会很少，班主任就应该努力创造机会，在学生与任课教师之间架起沟通的桥梁。比如，组织专题班会或大型活动，让课代表把所有的任课教师请来，并安排适合各教师的节目，把任课教师分别安排在各学习小组中，让师生一起开展活动，这种活动不仅能加深彼此的了解，而且在和谐愉快的氛围中也比较容易建立起深厚的感情。我们还可以充分利用节日活动来沟通任课教师与学生之间的感情，利用学校各部门组织的感恩征文比赛，建起师生沟通的桥梁。

（二）维护并帮助任课教师树立威信

开学初，班主任可利用一节班会课向学生介绍任课教师的姓名、简历、教学水平、教学效果、特长爱好等。介绍方式因人而异，要使学生对任课教师有良好的第一印象，从而增强学好各个科目的信心。特别是要向学生介绍各位任课教师的授课风格及教学实绩，让学生觉得本班的任课教师是全校最棒的，形成较强的向师性，为创建良好师生关系奠定基础。

（三）协助任课教师处理问题，建立了解与信任

学生在班主任面前的表现与在任课教师面前的表现往往是不一样的。由于班主任在学生心中的特殊性，导致学生在班主任面前往往有所保留，但在大多数任课教师面前，学生不会有这种顾虑，所以任课教师所反映的一些问题往往体现了学生们真实的一面，班主任要虚心诚恳，冷静听取任课教师的提醒、建议。班主任不应把任课教师在教学中遇到的问题简单而又片面地以

为那是他们自己的事，与己无关，或袖手旁观，或有意回避，而应积极配合任课教师解决问题。

（四）妥善处理任课教师和学生之间的矛盾冲突

及时妥善地处理任课教师与学生之间的各种矛盾，根除师生之间的对立情绪，有利于建立和谐的师生关系。一般情况下，学生往往只畏惧班主任，对任课教师的批评教育不易接受，有时还会当众顶撞。当任课教师与学生发生冲突时，班主任应及时将两者隔离，避免矛盾激化。在了解事件缘由之前，不要先入为主地指责学生不听话，更不能武断地强迫学生遵从老师，而要耐心地倾听学生的心声，做一个最能理解学生的听众。待学生发表完自己的看法，再心平气和地和学生进行交流。与对待学生一样，对待任课教师也要先学会倾听，让老师发发怨气，把那些牢骚都说出来，然后再做冷处理。遇到这类情况，班主任要细致了解情况，并根据事实客观公正地处理。要尽力做到使任课教师满意，当事学生心悦诚服，全班同学信服，并能引以为戒。要做好学生和任课教师的沟通工作，让学生在思想上认识到错误，改正错误，从而化解师生之间的矛盾。

总之，班主任在遇到上述类似的事情时，要冷静地处理好学生和任课教师之间的关系，既不能伤害学生的自尊心，又要让学生充分信赖老师，还要想办法树立起老师在学生中的威信。只有这样，才能将学生和老师凝聚成一个完美、和谐的整体。

第二节　新时代初中班主任沟通现状分析

任课教师和班主任一样，都是学生成长的引路人，在具体的班级管理中，班主任应该和任课教师形成合力，全方位、立体地对学生进行教育和管理。然而，现实中班主任与任课教师之间各自为政的现象屡见不鲜。究其原因，是班主任和任课教师没有定位好各自的角色。一个班级要和谐高效地运转，要出成绩，就需要每一个“要素”都定好自己的位置，发挥自己的作用，进而充分地发挥积极作用，最大可能地化解消极作用。

一、班主任需要管理班级任课教师

班主任管理班级任课教师，这似乎是违背天经地义的事。班主任怎么可以管理班级任课教师呢？道理很简单，一个班级优秀与否，既要看班级学生的努力与否，还要看班级任课教师的努力与否；既要看班级学生间的合作与否，更要看班级任课教师间的合作与否。在班级中，如果班级学生不够勤奋，而班级任课教师非常勤奋，这就使得班级形成教师管制学生的局面；如果班级学生非常勤奋，而班级任课教师不够勤奋，这就使得学生在学习进程上耗费许多的时间与精力。所以，班级学习与教学效率，不但来自学生的勤奋，还来自任课教师的勤奋。对于学生，班主任自然是需要管理的；那对于任课教师，班主任有权利管理吗？如果班主任没有管理任课教师的权利，这个班级很有可能成为跛脚的巨人。

一个优秀的班级，不但需要班级学生间的协作，更需要班级任课教师间的协作。班级学生间的协作是班主任工作的重头戏，这在前文已有论述；班级任课教师间的协作，也应该成为班主任工作的重要方面。优秀的班级不仅依靠单独学科的优秀，更依靠班级多学科整体的优化与提升。假设一个班上有三位同学，他们只学习数学、语文与英语三门功课，他们的学习状态皆以百分制来描述：同学 A 数学为 100 分，同学 B 语文为 100 分，同学 C 英语为 100 分，但他们除了自己的强势学科之外，其他学科的成绩均为 70 分。在另外一个班上，同样有三位同学，他们也只是学习数学、语文与英语三门功课，他们的学习状态是：所有同学每门功课的成绩均为 85 分。假设现在两个班的同学参加高考，而高考的招生分数线为 250 分，如此一来，第一个班的三位同学尽管有 100 分的学科高分，但在总分上全都落榜；第二个班的三位同学尽管没有出彩的学科高分，但都总分上线。因此，班主任的工作并不是去管理班级任课教师的学科教学，而是协调班级任课教师的学科教学，通过班级任课教师间的协作与沟通，达到提高班级学生学习效率的目的。班主任需要管理班级任课教师，这是因为在学生全面发展的过程中，每个任课教师都存在着自己的教学盲点；同时，对于班级整体成长来看，所有任课教师协作，才可以降低班级学生的“无效分”（学生考出了高的学科成绩，但却因总分不足而无法达到教育目的，从而令学科成绩成为无效分），提高班级学生的“有效分”。

二、班主任如何协调与任课教师的关系

（一）当好“领头人”，把握好班级发展方向

班主任作为班级的“领头人”，好比是一船之长。要确保“大船”不偏离航向，尽快到达目的地，就必须对班级发展有一个清晰的规划。为此，班主任需要看得远一些、全面一些，想得宏观一些、超前一些，要为班级确立一个明确的奋斗目标和发展方向，这是一个班级凝聚力的重要保证。同时，班主任在引导学生制订班级目标和确立班级发展方向的时候，不能忽视任课教师的参与。要主动同班级任课教师进行联系，把班级工作的目标和重点及时告知各任课教师，请任课教师结合自己的教学实际提出意见，在商讨中把班级管理目标与任课教师的教学目标整合起来。这样，在统一的目标下，班主任就会与每个任课教师进行合理的分工合作，进而避免班主任与任课教师各自为政，减少内耗。

（二）当好“导演”，为任课教师搭好舞台

作为班级管理的“领头人”和“第一责任人”，班主任要把大家的积极性都充分调动起来，发挥出来，将自己负责的班级搭建成任课教师和学生都能很好地展示自己聪明才智的舞台，使大家都能出成绩，最终实现多赢。但由于任课教师的思想修养和业务能力不尽相同，学生厚此薄彼的现象经常出现，如果任课教师觉察出自己不受学生欢迎，往往会有自卑感和厌倦感。这就要求班主任当好“总导演”或“总调度”，要通过多种活动和多种途径，巧妙树立任课教师的威信，使学生从内心对他们产生敬佩之情，促使每一个老师都

能尽快地进入角色，融入学生当中，进而充分发挥任课教师的长处，最大限度地提高他们的积极性，让其在实现自身教学价值的同时，积极为班级服务。这样，任课教师与班主任之间就会形成强大的教育合力，对教育学生产生积极的作用。

（三）当好“后勤”，主动为任课教师排忧解难

每个任课教师在工作、生活中都有可能遇到困难和挫折，这就要求班主任要做好后勤保障工作，主动帮助任课教师排忧解难。班主任要明白，协助任课教师解决教学、生活中遇到的困难，与解决班级工作中存在的问题是有密切关系的。当任课教师工作中偶尔出现差错，领导有意见时，班主任要主动承担责任，并客观地说明情况；当任课教师因生病或其他原因不能按时来上课时，班主任应及时补位；当任课教师要组织学生参加相应的学科活动时，班主任应根据自己的了解，积极向任课教师推荐合适人选，并带领和组织班级学生积极参与到活动中，在力所能及的范围内为任课教师提供最大限度的帮助，确保任课教师的工作能够顺利开展；班主任还应经常向任课教师了解其学科作业上交和课堂学习情况，以便及时掌握学生的学习情况，防止学生偏科、厌学等现象的出现……这样，班主任与任课教师的关系就会日趋密切，在班级工作中的配合也会日趋默契，最终形成齐抓共管的良好局面。

（四）当好“桥梁”，协调好纵横关系

要想班级稳步发展，班主任就必须协调好纵横关系。“纵”主要指班主任要协调好上下关系。对上，班主任要协调好任课教师与学校的关系，要深刻领会学校的教育目标、发展战略并及时与任课教师沟通，让任课教师结合自己的教学实际及时调整自己的教学活动，这样，任课教师的教学工作就会与学校步调一致。对下，要协调好任课教师与学生的关系。这里主要是指任课教师与学生之间的沟通。当学生对任课教师的工作产生误会或感觉不适应时，班主任要利用班会或课余时间，集体地或个别地做好解释工作。“横”主要是指班主任要协调好任课教师之间的关系，求得理解、支持。任课教师之间都

存在潜意识和显意识的竞争心态，合理适度的竞争是一种激励因素和前进动力，但是，如果竞争超过了限度，教师之间就会出现矛盾，进而导致班级任课教师间出现嫉妒和内耗，最终给班级管理带来消极影响。因此，班主任要主动与任课教师沟通，并适时架好任课教师之间的沟通之桥，为任课教师创造交流感情、消除芥蒂、融洽关系的条件，进而把本班所有任课教师团结起来，凝聚成一个坚强有力的教师集体，同心协力地对学生进行有效的教育。

第三节　新时代初中班主任沟通能力提升路径

没有一个家庭不希望自己的孩子好，同样，没有一位班主任不希望自己的学生好。那么，实际的教育教学中，为何家庭和学校之间存在着诸多矛盾甚至是冲突呢？原因固然复杂，但是，家庭和学校之间缺乏良性的互动机制，班主任和家长之间缺乏真诚有效的沟通，一定是个不容忽视的因素。

一、指导家长正确开展家庭教育

（一）系统培训，引领实践变革

家庭和学校是未成年人受教育最重要的两个场所，家长和教师都是教育的责任主体，应该共同承担引导孩子成长的教育责任和义务，两者是孩子成长的教育伙伴，要相互尊重、彼此信任、平等合作。为了使学校、教师、家长达成共识，可以构建“纵向引领、横向互助、外力提升”的培训机制。

一是纵向引领培训。一方面，通过《家长手册》和家长学校的统一辅导对家长进行现代家庭教育的通识培训，引导家长明确家庭的基本教育职责。另一方面，针对孩子成长不同阶段的年龄、心理特点，伴随孩子的成长过程，分年级对家长进行跟踪式主题培训。二是横向互助培训。可以充分利用家长中的教育资源，采取家长沙龙、家庭教育小论坛、同学生日会等形式，组织家长间的交流活动，就家长关心的热点问题展开交流，帮助家长掌握家庭教育的智慧。三是外力提升培训。针对家庭教育中的热点、难点问题，邀请知名专家做专题报告，转变家庭教育观念，提升家庭和学校合作的技能。

（二）融通各方资源，以学校教育引领家庭教育

当前，学校教育和家庭教育面临着社会的复杂环境的挑战。由于家长素质参差不齐，家庭教育的差异性较大。家庭和学校合作的重要内容之一就是以学校教育带动家庭教育，补齐家庭教育这根“短板”，追求“1＋1＞2”的家庭和学校合作效果。

1. 举办家长沙龙等学校交流活动，把家长作为一种职业来做

大力倡导“把家长作为一种职业来做”。学校应坚持把提高家长素质作为家庭和学校合作的一项重要工作，积极为家长的学习、交流和发展提供机会，创造平台。可以为家长设计一本关于学校的小册子，把学校购置的有关家庭教育的书籍、录像带、光盘、磁带的目录整理出来，发到每位家长手里，随时供其借阅。学校将从事家庭教育研究的专家学者请进学校，给予家长高端的专业引领，同时，定期举办家长沙龙，给家长创设学习之后的交流机会。家长沙龙由学校、班级的家长委员会委员轮流主持，根据家长需要确定讨论主题，每个人既是指导者，又是受益者。通过家长之间的互动，不同家庭的教育思想在这里碰撞。大家带着问题来，带着收获归。

2. 教师开通教育博客，向家长开放学校教育的窗口

教师可以拥有自己的教育博客，把博客当成一扇向家长开放的窗口。工作之余，教师们把优秀的家庭教育资料、自己育人过程中的感悟与体会、课堂上发生的故事、孩子的点滴进步等都写进博客。通过这扇窗口，家长可以更清晰地了解学校的教育，近距离地感受教师的课堂，更便捷地与教师进行交流。同时，教师还可以针对“如何帮助你的孩子完成家庭作业”“家庭旅游中如何加强对孩子生活经验的指导”“关注孩子良好习惯的养成”“看电视要定规矩”等话题，与家长在网上展开专题性研讨，争取一次讨论解决一个问题，帮助一批家长。教师的博客、班级的网页、学校的网站，可以成为学校与家长开展交流合作的有效平台。

二、吸引家长参与班级管理

（一）以班级家长联谊会为抓手，推动家长参与班级管理

家长委员会是代表家长参与学校管理的重要校务组织。但实际工作中，家长委员会或名存实亡，或只是充当校方的“传声筒”。导致这种现状的原因有三：一是家长委员会成员一般由学校直接指定，缺乏民主、公开的推选机制，使得家长委员会失去了应有的群众基础；二是家长委员会缺乏应有的基层组织，既听不到来自普通家长的声音，也无法落实校方的办学意图；三是大部分学校的家长委员会没有明确的工作制度，组织相对松散，缺乏机制约束，难以形成有效的意见和行动。

针对上述情况，学校应该结合现代学校制度建设要求，大胆更新家庭和学校工作理念，视家长为学校教育的合作伙伴和重要的教育资源，把家长委员会打造成家长参与学校管理的重要平台，将家庭和学校教育共同体建设作为学校重要的办学制度，提出建设“合作互动式家庭和学校教育共同体”的总体思路。一是由学校校委会、家长委员会、社区居委会的代表和学校常年法律顾问共同组成“合作互动式家庭和学校教育共同体”领导小组，统筹“教育共同体”的各项工作；二是修订《学校家长委员会章程》，对家长委员会的组织性质、选举制度、内设机构、工作职能和运行机制等进行合理定位；三是按照《学校家长委员会章程》，层层推选，组建班级家长联谊会、年级家长委员会和学校家委会，三级家长组织都内设若干工作小组，制定相关岗位职责；四是各级家长组织都建立不定期联系制度和定期商研制度，明确要求班级家长联谊会一月开一次碰头会，学校家委会每学期开两次例会，听取学校工作报告。

学校应该充分尊重家长们的意见，对他们提出的问题及时予以改进，学校也可以就聘请校园家长志愿者、开展校外社会实践活动、举办互动式教育开放日等工作听取家长委员会意见。家长们可以定期或不定期地以各种方式参与学校、班级管理和服务，家庭和学校关系将会出现良好的互动合作局面。

（二）立足班级，追求家庭和学校合作的实效性

班级教师，特别是班主任，与学生家长有着最直接、最经常的联系。教育活动的开展，教育信息的传递和反馈，首先在班级得到归纳和整合。班集体是学校工作的细胞，也是学生成长的摇篮，只有激活了细胞，家庭和学校合作才具有生命活力，教育工作才能收到实效。为此，可以在各个班级成立班级家长委员会，吸收热心教育、有见识、勇于创新的家长参与班级管理，从而架起学校教育与家庭教育相互沟通的桥梁，营造“教师家长同登台，一家孩子大家爱”的可喜局面。

（三）建立家庭和学校联系卡，及时沟通，共同施教

建立家庭和学校联系卡可以增加教育的透明度，使家长随时了解孩子在校的表现情况。联系卡的主要内容有：在校完成作业、上课听讲、自我约束能力、团结同学、学习态度、组织纪律、参加课外活动等方面的情况。针对这一周的表现给学生一个适当的评价：A 很好，B 较好，C 继续努力。同时，还有老师一周内精心观察后，给予学生的建议和希望，对家长在家应观察学生的事项也给予提示，如交朋友、阅读、做家务等。家庭和学校联系卡每周五发放到学生手中，学生回家后由家长填写学生在家的表现情况，然后反馈给老师。这种做法使家长和老师对学生在不同时间的表现有了较全面的了解，可以促进学生的健康发展，而且使学生在平时更加注意自己的言行，家长也更加关注孩子的所思所想。家庭和学校联系卡在家庭和学校之间架起了沟通和交流的桥梁。

（四）电话不能代替家访

家访是教师深入了解学生家庭及其教育情况的重要形式，是学校教育必不可少的一种延伸手段。随着现代社会的发展，家访渐渐地被电话、邮件、博客、短信、校讯通等现代化的通信交流方式所替代。现代化的通信方式固然有其价值，但是，家访中班主任与家长面对面的接触，对学生家庭全貌的

了解，对学生家庭所处社区环境的了解等，是其他方式无法替代的。而这些对学生的教育而言，往往非常重要。在进行家访的过程中，为了能够更好地与家长在教育孩子的问题上达成共识，应注意以下一些问题：在开学初，尤其是班主任接手新班级时，要尽量对学生家庭进行一次全面访问。访问后，教师应对全班的学生家长进行较详细的分类。如：根据家长的文化程度、性格特征、心理特征等，可分为教养型、关爱型、溺爱型、粗暴型、淡漠型等。教师在以后的家访中注意因人而异，采取不同的方式与家长进行沟通，只有“对症下药”，才能更好地解决孩子的教育问题。

在家访时，不管是有既定的教育目的还是因突发变故，班主任在与家长进行交流前都要做好细致全面的准备，对于家访的目的或者想了解的情况事先进行梳理。家访时要把握主动，有针对性地和家长谈话，同时巧妙地控制整个谈话内容，有条不紊地转变话题，引导家长与班主任保持一致的教育话题。

注意不要把家访变成告状、诉苦的代名词。这样，就会让家长产生不愉快甚至抵触的心理，损害家长的自尊心，就有可能会使家长情绪低落、态度冷漠，出现不配合老师的情况。因此，在与家长进行联系时，要以礼相待，相互尊重，相互理解，注意不要有伤害家长的言行，更不要有训斥家长的举动，这样才会使家长相信，老师是在真诚地关心和帮助学生，才会使家长乐于接受老师的意见，从而赢得家长的理解、支持和配合，实现共同教育学生的目的。在尊重家长的基础上，还要注意积极主动地联系家长，加强与家长的沟通，以利于共同育人。

此外，邀请家长参与班级的相关活动非常重要，也是吸引家长参与班级管理的一种新的沟通方式。当前，许多班级在开展诸如春游、运动会、学生文艺晚会等活动时，邀请部分家长参与观摩。也有一些班级不仅邀请家长观摩，还开展一些诸如亲子运动会、趣味运动会等活动，让家长参与进来，与教师、孩子联欢。事实证明，这些活动都能起到良好的沟通作用，既促进了家长对学校、班级、自己的孩子以及家长之间的了解，也使家长和班主任、教师、孩子之间融洽了感情，消除了隔阂，是一种值得提倡的方式。

三、构建家庭和学校一体的互动机制

（一）举办“教育超市”等活动，调整家庭和学校交流的定位

家庭和学校的交流是家庭和学校合作的前提。只有拓宽交流渠道，提高交流质量，才能使学校教育和家庭教育理念相合、方法相容、责任共担，进而形成教育合力。

家庭和学校之间交流的渠道很多，形式不一。比如：传统的家访、家长会，新课改理念下的学生成长册、家庭和学校联系卡，网络环境中的学校网站、班级网站、教师博客、电子信箱，以及即时的电话联系、快捷的手机短信等。有了多样化的交流渠道并不一定意味着有高质量的家庭和学校合作，我们应该调整家庭和学校交流的定位，增强交流的实效性。以家长会为例，以往每提及家长会，让人想到的往往是“告状”“批评”等字眼。随着教育改革的深入，传统的家长会得以改进，出现了一些形式多样的家长会，如恳谈型家长会、专家报告型家长会、自主体验型家长会、观摩研讨型家长会等。形式上的创新催生了内容上的转变，家长会不再是单一的“发布会”，而是定位于家庭和学校间的沟通、理解和交流，凸显平等性、互动性，拉近了学校与家长之间的距离。

为了进一步实现家庭和学校之间的多向互动和深度交流，在深入解读家长会定位的基础上，可以每年举办一次大型的“教育超市”活动。所谓“教育超市”，就是以自选的形式，满足每一位家长的家教指导需求，从而实现家庭和学校之间的多向互动和深度交流。“教育超市”时间为一天，家长、学生、教师全员参与。地点从教室到操场，校园全面开放。教室内有专家报告、家教录像、教师上课，操场上设有“家教园地”“热点咨询处”“心理咨询室”以及“亲子活动区”等。家长可以到教室听专家的讲座、教师的授课，也可以到“热点咨询处”了解教育政策法规，反映教育热点问题，还可以就孩子的问题请专家给出“个案诊断”。学校还可以设计“家庭教育情况测试题”，让家长在接受测试、了解自我的同时，潜移默化地形成一种理念，掌握一种

方法。在“亲子活动区”，家长和孩子可以一起参加家庭厨艺比拼、接力比赛、智力魔方、才艺展示、生活百科等活动。“教育超市”改变了过去一次家长会只解决一个问题、不管家长关不关心都要奉陪到底的弊端，家长们多了自主选择的空间。他们既可以向任课教师了解情况，和学校领导、其他家长一起探讨教育问题，还可以有针对性地向专家讨教。“教育超市”使家庭和学校联系的手越拉越紧。

（二）聚焦沟通，促进合作互动

随着家庭教育和学校教育共识的不断增多，家长希望了解学校教育的要求更加迫切、主动，和教师交流孩子成长问题的热情更加高涨，创设多种形式的家庭和学校沟通渠道已成为家长的普遍要求。为了顺应这种形势，可以及时拓宽沟通渠道，保障家长与学校、老师联系的多向互通、随时畅通。

第一，改革家长会和教育开放日。由学校统一组织变为年级、班级自行安排，由定期举办变成定期与不定期结合，由单一的集中开会变成预约式家长见面会、家教经验分享会、互动式教育开放日等，以较好地满足家长希望深入了解、参与学校教育的愿望。

第二，进一步完善家庭和学校联系制度。修订《家庭和学校联系册》，坚持班主任“每周一信”、学期“致家长一封信”、期中“家长问卷调查”制度，缩短校报的编发周期，开通“校长信箱”“家长意见箱”等。多种联系渠道的建立，可以有效满足家长与老师、与学校适时沟通的需要。

第三，充分利用现代信息技术和资讯手段实现家庭和学校之间的跨时空沟通。家长可以加入学校校讯通系统。此外，学校有网站，班级有博客、家长 QQ 群和家长通讯录。这些措施浇灌、催生、助长了教育共同体这棵大树，使它充满生命的活力。

（三）创建机制，凝聚发展合力

为了满足学生社会实践活动的需要，可以充分发挥三级学生家长组织的作用，有效创建家长与学校互动式的教育合作机制。

第一，制定学生《“社会大课堂体验式学习”指导纲要》，引导各班家长联谊会在节假日组织学生进行社会实践活动。各班家长联谊会可以经常组织学生到附近的风景名胜、科技文化场馆开展校外体验式学习，帮助学生举办体验式学习的摄影作品展和作文评选。这些活动能够有效地丰富学生的成长经历，增进家长之间的联系和同学之间的互助合作，可以收到良好的教育效果。

第二，发展校园家长志愿者。为了吸纳更多的家长参与学校教育活动，推动家长与学校的深度合作，可以依托学校家长委员会，组织发动两类校园志愿者。一类是每天放学后到学校组织学生体育活动的普通志愿者。他们经过家长委员会的统一培训，每天轮流挂牌上岗，尽职尽责，成为放学后操场上一道亮丽的风景线。另一类是有专业素养的家长志愿者，他们组成“家长讲师团”，不定期来到学校辅导学生社团活动、指导学生个性化发展。他们无私地为学生和学校奉献着他们的智慧，是学校教育忠实的合作伙伴。

第三，实施“亲子共读——书香家庭”工程。为了培养学生的阅读习惯，配合学校书香校园建设，各班鼓励家长和孩子一起走进书本，开展“共读一本书”的活动。家长不仅在家与孩子一起阅读，还积极参与班级的亲子诵读活动，体验读书的收获与快乐。

第四，开展“荣誉家长”聘任、优秀家长评选等，将家长中的教育资源整合到学校教育之中，弥补学校教育的不足。

第九章　新时代初中班主任岗位认同感提升

第一节　初中班主任岗位认同感概述

岗位认同感的概念借鉴的是有关职业认同感的概念，其主要是指个体对于所在岗位的目标、社会价值及其他因素的看法，与社会对该岗位（职业）的评价及期望一致，即个人对他人或群体的有关岗位方面的看法、认识完全赞同或认可。职业或者岗位认同感一般都是在长期从事某种职业活动过程中，对该活动的性质、内容、社会价值和个人意义，甚至对工作方法、习惯与环境等都极为熟悉和认可的情况下形成的。岗位认同感敦促着人们努力做好本职工作以达成组织目标和满足自身心理需求。随着职业、岗位的发展及相关研究的深入，岗位认同感的概念也愈来愈朝着社会化、多元化、人性化的持续状态发展，而不再仅仅局限于心理角度。

教师的专业发展是指教师在其职业生涯中，通过各种方式提升自身的专业素养，促使自己的专业不断成熟的过程。在这个过程中，教师通过自身的努力提升教学能力，达到一定的标准并获得认可。而教师的专业化发展是可以通过一定的途径来实现的，通常包括教育培训和学习交流等。教师的专业化是指教师在经过一系列专门的教育培训后不仅在专业的领域得到认可，并且自身的素质和教学能力也得到了提高，从而成为一个合格而专业的教育工作者的过程。教师专业化强调教师在职业生涯中逐步从没有经验向经验丰富、从非专业向专业化、从不合格向合格、从低级向高级发展的过程。教师在专业化的过程中不断地吸收知识，吸取经验，锻炼自己，反思自身在数学中的不足，逐步达到成熟。

第二节　新时代初中班主任岗位认同感现状分析

一、初中班主任岗位认同感现状

从调查结果看出，初中班主任在性别分布上以女性教师为主。从学历结构上来看，班主任的学历比较高，本科及本科以上学历的教师比例达 72.9%，从事教育工作的年限为 5～10 年的教师的比例为 68.8%。与非班主任教师相比，班主任教龄要少于非班主任，班主任队伍整体比较年轻。

在参与调查的 286 名教师中，有 278 人认为班主任工作是重要的。由此可以看出，目前初中教师对于班主任工作岗位的重要性的认可度是很高的。与之相反，被调查的教师无论是从事班主任工作的，还是没有从事班主任工作的，对于班主任工作岗位的热衷程度并不高。在接受调查的 96 位班主任中，仅有 26 位班主任表示喜欢从事班主任工作。在被调查的 190 位非班主任教师中，也仅有 50 位教师表示愿意并热衷于承担班主任岗位的相关工作。整体来看，教师群体对于班主任岗位的认同感是较低的。

二、形成现状的原因

（一）教师自身的原因

1．班主任岗位认同感低下

从实际的调查结果中可以看出，目前初中教师对于班主任的岗位认同感和从事班主任工作的热情并不是很高。造成这种情况的很大一部分因素在于教师自身。

虽然目前几乎所有（实际的调查结果显示的比例为97.2%）的教师都意识到了班主任岗位的重要性，但是通过调查可以了解到，在班级管理工作能力方面，绝大多数教师认为其不具备班级管理需求的能力，或者自身也不清楚自己是否具备良好的班级管理能力（实际的调研中仅有44.1%的教师认为自己具备班主任的班级管理能力）。消极和倦怠的工作态度，对于工作的影响是深远的。在这种情况下，部分教师就很难有从事班级管理工作的积极性。调查结果证实，74%的教师并不热衷于从事班主任工作。

2. 班主任缺乏继续学习的意识

从调查结果来看，目前班主任教师队伍整体比较年轻，班主任教师中10年以上教龄的教师比例仅有10.4%。初中班主任教师队伍整体比较年轻，教师教学经验不足的问题比较突出。在这种情况下，71%的教师认为，目前的继续教育培训是难以满足其实际需求的，不愿意花时间去进修学习的现象也比较普遍。而从实际的班主任岗位认同感访谈中可以侧面了解到，在初中班主任中存在着专业发展意识淡薄的问题。一些班主任仅仅是被动地按照学校的要求进行教学活动，对自身的反思极少，并且很少主动要求进行培训，在科研活动中热情不高，这些都是缺乏专业发展意识的表现。

（二）学校方面的原因

1. 缺乏系统的制度保证

从展开的实际调研中可以发现，班主任对于学校的管理和制度建设都不是十分满意。学校的支持力度不够，主要表现在学校对于班主任工作的重视程度不够、缺乏系统的规章与管理制度等方面。

从目前的实际情况来看，学校虽然经常强调要提升班主任的岗位认同感，但是具体的行之有效的举措并不多。调查发现，当前有58%的班主任认为，学校现有的一些关于班主任岗位制度方面的工作计划、制度都是不能满足班主任岗位工作的实际需要的。学校在班主任岗位建设中缺乏系统的制度和计划，实际上是学校不重视班主任岗位工作的一种外在体现。换句话说，正是因为学校对班主任工作岗位不重视，才会导致学校方面缺乏一些有针对性的班级管理方面的监管手段和措施。

2．缺乏对班主任继续教育培训与专业发展的支持

学校对于班主任岗位工作缺乏有效支持的另一大表现，就是学校缺乏对班主任继续教育培训的支持和管理。从实际的调查结果来看，班主任教师接受较为有效的培训——离岗培训的比例仅为4.2％，远远低于非班主任教师的9.5％。而只有37.5％的班主任教师认为自己具备良好的胜任班主任岗位的能力。由此可见，以有效的班主任岗位培训、继续教育体系来促进班主任教师的专业发展也是急需的。人们对于基础教育的要求越来越高，在这样的情况下，需要教师不断地学习，更新自身的观念，提高自己的能力，才能顺应教育发展的潮流。教师的发展离不开资源的保障，有足够的资源可以获取，才能使教师的发展不受阻碍。这些资源包括学习资源、学习机会、发展平台以及教师专业发展所需要的硬件设施。学校若想迎来更加美好的明天，就必须加大对教师资源的投资力度，就必须不断变革。我们要不断加强各个学校之间的联系，发展共同合作的关系，追求更加明确合理高效的发展路径。借助其他学校优厚的人力资源、财力资源对本校教师加以改造、培训、升级。借助其他学校高效的学习资源，进行更高水平的研究，全方面、深层次地推动教师专业发展水平。

3．班主任工作繁重

学校缺乏对班主任岗位工作的支持还表现在班主任工作量、工作内容、教学任务方面的分配情况。从实际的调查结果中可以看出，虽然初中班主任平均每周的教学任务与非班主任教师相比要少一些，但是这样的差异并不具有显著性。需要注意的是，大多数班主任教师承担着语文、数学、英语等主要科目的教学工作。班主任每周上课的时间、需要备课的时间等基本上与非班主任教师相同，甚至还要高于很多非班主任教师。同时，班主任教师的班级管理、学生思想教育、与家长沟通以及其他各类班主任工作的实际工作量，难以按照课堂教学时间的课时来估量。从综合调查的结果

来看，100%的班主任教师都表示班主任工作是繁重的。班主任工作的繁重、工作量的巨大是班主任工作中的现实问题，也是造成班主任岗位认同感低下的重要原因。

（三）学生方面的原因

随着教学改革的推进，学生在教学活动中的主体地位越发凸显。因此，在与教育有关的活动中，作为知识的获得者，学生是教师和教育机构的服务对象，学生的情况也在很大程度上决定了班主任岗位的认同状况。而学生本身也是教学与班级管理活动中不可或缺的资源，在教学过程中，需要充分考虑学生的身心和个性特点。

在调研中发现，目前有84.4%的班主任教师在实际的工作中难以有效地把握学生的心理状态，有84.3%的教师觉得现在的学生难于管理，很多教师难以和学生建立起有效的沟通和交流渠道。这实际上也在很大程度上增加了班主任教师的工作量和工作难度。在这样的背景下，相当一部分教师因为学生难以管理，就会对班主任工作望而却步，从而大大降低了自己对班主任岗位的认同感。

（四）家长和社会方面的原因

1. 班主任工作得不到家长的支持

在教育方面，家庭的作用是不容忽视的，家长是学生的第一任老师，良好的家庭教育环境对于学生身心健康发展是十分重要的。在班级管理工作中，家庭的作用也是十分重要的。有了学生家长的支持、配合，班主任教师的工作才会发挥教育、教学的实效性；有了家长的支持、配合，在学生离开校园之后，学生良好的行为习惯才能得到更为长久的保持。

但是从实际情况来看，目前，在初中班主任的工作中，让班主任十分头疼的问题就是家长对于班主任工作的不支持和不理解。调查结果显示，有71.9%的家长对班主任的工作不是十分支持。家长不重视和教师的沟通和交流，不愿意参与到学校、班级组织的建设活动中的情况比较多见，同时，家长在班级管理方面也并没有意识到自己所应该承担的责任和义务。对于家长而言，因为缺乏对自身责任和义务的准确定位，加上很少与教师进行沟通，从而忽略了对学生的集体意识、良好行为习惯等基本素养的培养，使得教育工作过分地依赖于班主任教师。这样的情况不仅加大了班主任教师的工作量和工作压力，更为重要的是，这样的管理效率是极其低下的。导致这样的问题的一个重要原因就是家长和学校、家长和教师、家长和学生之间均缺乏有效的沟通和交流。沟通交流的不足，使得相应的合作机制和主体地位都难以实现。甚至有一些家长还会通过各种途径给班主任教师的工作制造各种困难。考虑到班主任需要面对家长进行各种沟通工作，甚至还要承受某些家长的误解，造成自己身心方面的压力，很多教师对班主任岗位的认可度大大降低，也不愿意从事班主任工作。

2. 社会舆论增加了班主任工作的压力

目前，教师的工作面临社会舆论和不良信息所带来的巨大压力。社会上很多人对于教师职业的不理解、对于班主任工作的误解是比较普遍的。在实际调查中也发现，在影响班主任工作岗位认同感的因素中，有一项就是学生、家长及社会所带来的一些风险和压力。通过实际的调研可以看出，学生家庭以及社会舆论压力给班主任工作造成的影响，已经严重影响到了教师对班主任工作岗位的认同感。实际调研中，有83.3%的教师认为班主任工作在很大程度上会受到社会舆论及学生家庭方面压力的影响。

当前社会网络信息传播的速度是很快的，在班主任的实际工作中，多多少少都会出现一些与学生、家长沟通和交流方面的问题。但是很多时候，社会舆论却将很多的责任、压力抛给了教师，刻意地将一些“事件”扩大化，进行一些不符合真实情况的渲染。在这样的背景下，班主任教师面临的挑战是前所未有的，久而久之，很多教师就会害怕从事班主任工作，不愿意接受班主任岗位。

第三节 新时代初中班主任岗位认同感提升路径

一、班主任要树立正确的教育理念和提升个人能力

树立正确的教育理念是班主任教师专业发展中一个至关重要的问题。正确的教育理念可以作为教师在教育工作中的信念支撑，提高教师的专业水平，增强教师工作的积极性，从而激发教育理念的不断完善。教师专业发展的意义并不只是单纯的教育理念的树立和完善，也包含着教师的高尚道德和价值情操。作为班主任，应该通过学校提供的学习与实训平台不断地学习，以提升自己的班级管理能力，在班主任工作中严格要求自己，在不断的反思中成长进步，寻找适当的、行之有效的班级管理方法。比如，班主任教师可以鼓励学生积极参与班级建设与班级管理活动，通过优化班级制度、班级目标等，提高班级建设与管理的实效性，切实地让学生感受到班级管理活动给他们带来的快乐和成就感。要充分发挥学生在班级管理中的主人翁地位，逐渐形成一种良好的班级文化氛围。在这个过程中，要充分地建立与学生之间互信、平等和民主的交流沟通渠道。现在的学生个性强，要在了解学生个性特点的基础上，与之建立起沟通和交流的渠道，努力建设和谐的师生关系。有了良好的师生互信合作机制，班主任的岗位认同感也才会有所提升。

班主任教师对班主任岗位的认同感，实际上也是一种自我实现的表现形式。班主任工作肯定是繁重的，既然不能改变这个事实，就要学会欣然面对。班级管理中总会不可避免地出现这样或那样的问题，要对自己充满信心，要坚信办法肯定比困难多。平时也要多读书，从书中吸取经验，寻找解决问题的办法。班主任教师要保持积极乐观的心态，一个总是抱怨学生的教师是教不出心态乐观、积极向上的学生的。要对学生有所期待，尊重和宽容学生，多与学生用心交流，多肯定学生的优点，帮助学生慢慢改掉缺点，让学生看到希望，每个学生都能越来越好，班主任从中也会得到自我价值实现的满足

感，班主任岗位认同感也会提升。

二、学校要充分重视和支持班主任工作

学校管理水平的高低不仅会影响班主任的教学水平，同时也会影响班主任的职业认同感和归属感。好的学校管理能够让班主任有轻松愉快的工作环境，并且能够对学校有归属感。学校的整体发展好，班主任的工作热情高，专业发展动力就足。也就是说，一个学校管理水平的高低直接影响班主任的专业发展动力和岗位认同感。学校在班主任管理中，既要有一定的限制又要给班主任一定的弹性发挥空间，既要避免高压政策也要避免松散管理，力求为班主任创造一个公平、公正、公开的教学环境，以及轻松、愉快的工作环境。

（一）在制度上，着力为班主任教师减轻负担

学校要充分意识到班主任工作的重要性，要充分尊重班主任工作，要有针对性地对班主任工作进行监督和指导，建立起一套行之有效的评价奖惩机制，提高班主任工作的积极性，并鼓励教师从事班主任工作。通过相应制度的制定，明确班级管理中的职权划分，使班级管理的监督、评价、指导等都有相应的部门和人员负责。对班主任的工作做出公正、客观的评价，提高班主任工作的积极性。着力为班主任减负，减少一些不必要的、形式主义的活动，给予班主任更多的时间和空间进行班级管理工作。

学校要维护班主任的切身利益。目前班主任面临着教师专业发展不足等问题，造成此类问题最主要的原因是学校的专业发展奖励政策不够切实有效，奖励不够诱人。制定相关的激励政策要从初中教师的实际需要出发，应注重以下方面：教师职称的评定、教师职位的晋升等。只有学校制定的相关政策真正涉及初中班主任团体的基本利益时，才能起到激励作用。

（二）加强班主任教师培训，促进班主任教师专业发展

通过师徒结队、小组互助、集体研讨等形式，让经验丰富的老教师带领

新教师，使更多班主任的班级管理水平得到有效的提高。加强针对性的学习活动，制定关于班级管理方面的学习计划和制度，为班主任的学习和继续教育提供支持和指导。要更新优化班主任专业基础知识，使班主任能够做到知识体系的与时俱进。要转变原有的观念，通过组织学习等活动让班主任充分发挥自己的积极性、主动性，让更多的教师重视班主任工作，参与到班级建设与管理的工作中来。要充分利用好学校现有的资源，积极开展校本培训。要努力完善相关的校本培训课程，在有经验的班主任或者专业从事班主任教师培训工作的人的带领下，互帮互助，开展教学交流，组织课外活动等，促进班主任教师的专业发展。

学校还要对优秀班主任树立典型，大力宣传。学校可以每学期定期开展优秀班主任教师经验交流会，让本校或者兄弟学校的优秀班主任教师介绍经验。这种优秀典型的树立，对班主任教师的工作也是一种激励和鞭策。

学校要定期组织班主任到优秀学校参观学习，感受优秀学校的班级文化氛围，开阔班主任的视野，学习先进的班级管理方法。由于班主任工作的重要性和繁重性使得班主任不能长期离岗培训，学校可以定期请专家到校指导，为班主任教师答疑解惑，传授经验。

三、政府及相关部门要提高班主任基本待遇

在调查中我们发现，目前班主任教师的待遇与非班主任教师的待遇差异不大，但是班主任教师的工作量却要明显地高于非班主任教师。政府及相关的教育行政管理部门，应该支持鼓励班主任的教育事业发展，设法在提高班主任基本待遇和班主任津贴的同时，给予班主任教师更高的社会地位。通过树立典型、班主任表彰等形式，不断提高班主任教师的认识定位，正确地树立教育理念，只有这样，班主任教师才能提高岗位认同感。

四、学生、家长及社会大众要充分理解与尊重班主任工作

引导学生、家长以及社会充分地理解与尊重班主任工作是一项系统工程，需要学校、教育主管部门以及社会等多方面的努力。首先需要做好的就是学

生的工作，这需要学校方面与学生家庭间建立互信互助的机制，要让学生更加尊重和理解班主任，支持班主任的工作，同时，争取获得学生家长的支持，构建和谐的家校、师生关系和一种尊师重教的氛围。学校方面可以通过组织学生及学生家长参加各类活动，或者以培训的形式让其认识到班主任工作的艰辛，以及其工作在整个学生成长中的重要作用。社会舆论方面则需要相关的教育主管机构、行政部门对社会舆论予以正确的导向。虽然教师队伍当中不可避免地存在一些害群之马，但是不能因此就对教师这个群体持否定态度。班主任教师直接面对社会和家长，现在的科技发达，信息传播的速度快、途径多，班主任和学生之间发生的不愉快的事情很快会传播出去，不明真相甚至是别有用心的人就会大肆宣扬，刻意扭曲教师形象。对于这种恶意中伤和诽谤者，需要追究其责任并予以严厉的打击。政府和教育行政部门要鼓励媒体多报道宣扬教师的一些正能量方面的内容，让教师有尊严地教学，提升教师对班主任岗位的认同感。

参考文献

[1] 郑克俭，王作廷. 新时期班主任工作的创新 [M]. 西安：陕西师范大学出版社，2005.

[2] 戚万学. 小学班主任工作实务 [M]. 济南：山东教育出版社，2007.

[3] 陈洪庆，杜宇. 新时期班主任培训必读 [M]. 西安：陕西师范大学出版社，2007.

[4] 杨文荣，王绪池. 班主任工作新论 [M]. 北京：中国人民公安大学出版社，1995.

[5] 麦志强，潘海燕. 新课程背景下的班主任工作创新 [M]. 北京：中国传媒大学出版社，2006.

[6] 吕洪刚. 名班主任的专业发展——成长历程与典型案例 [M]. 广州：暨南大学出版社，2017.

[7] 勒玉文. 方法决定成败：班主任工作方法创新集 [M]. 长春：东北师范大学出版社，2010.

[8] 耿书丽. "走出" 班主任的十项修炼 [M]. 长春：东北师范大学出版社，2010.

[9] 戚万学. 初中班主任工作实务 [M]. 济南：山东教育出版社，2007.

[10] 丰云. 学校班主任工作手册 [M]. 长春：吉林音像出版社，2003.

[11] 孙美娟. 初中数学教学与班主任管理 [M]. 青岛：中国海洋大学出版社，

2020.
[12] 王晓军. 春蚕絮语——初中数学教学实践与思考 [M]. 北京：国家行政学院出版社，2018.
[13] 尹晓琴，等. 教育管理及教学新思维 [M]. 沈阳：辽宁教育出版社，2003.
[14] 李冲锋. 领导者：品格与力量 [M]. 北京：中国言实出版社，2017.
[15] 尹艳华，杨咏. 成功领导者的素质研究 [M]. 北京：中国经济出版社，2000.
[16] 韩春，李洁，郑晓东. 步入领导者的阶梯 [M]. 北京：新世界出版社，2005.
[17] 方道. 领导者必备 22 种能力 [M]. 北京：中国致公出版社，2007.
[18] 李飞，本书编写组. 班主任必备素养与技能 [M]. 广州：世界图书出版公司，2011.
[19] 李宜江，柳丽娜. 班主任必备素养与技能 [M]. 芜湖：安徽师范大学出版社，2013.
[20] 吴小海，李桂芝. 班主任九项技能训练 [M]. 北京：首都师范大学出版社，2008.

图书在版编目（CIP）数据

新时代初中班主任的工作智慧 / 尹桂清著. -- 湘潭：湘潭大学出版社，2022.12
ISBN 978-7-5687-0968-2

Ⅰ. ①新… Ⅱ. ①尹… Ⅲ. ①初中－班主任工作－文集 Ⅳ. ①G635.16-53

中国版本图书馆 CIP 数据核字（2022）第 239272 号

新时代初中班主任的工作智慧

尹桂清 著

责任编辑：罗 联
封面设计：李 平
出版发行：湘潭大学出版社
社　　址：湖南省湘潭大学工程训练大楼
电　　话：0731-58298960 0731-58298966（传真）
邮　　编：411105
网　　址：http://press.xtu.edu.cn/
印　　刷：长沙创峰印务有限公司
经　　销：湖南省新华书店
开　　本：710 mm×1000 mm 1/16
印　　张：12.75
字　　数：202 千字
版　　次：2022 年 12 月第 1 版
印　　次：2022 年 12 月第 1 次印刷
书　　号：ISBN 978-7-5687-0968-2
定　　价：58.00 元